Annette Weber

Stationen im Leben

5-Minuten-Vorlesegeschichten
für Menschen mit Demenz

Verlag an der Ruhr

Impressum

Titel
5-Minuten-Vorlesegeschichten für Menschen mit Demenz
Stationen im Leben

Autorin
Annette Weber

Titelbildmotiv
© FM2 – Fotolia.com

Verlag an der Ruhr
Mülheim an der Ruhr
www.verlagruhr.de

Ein Hinweis für die Vorlesenden:
Seien Sie umsichtig im Umgang mit Demenzkranken, denn viele Betroffene reagieren beim Lesen des Wortes „Demenz" sehr empfindlich. Im Einzelfall kann es daher sinnvoll sein, das Wort Demenz im Titel des Covers abzukleben oder Sie verwenden beim Vorlesen eine Schutzhülle als Buchumschlag.

Unser Beitrag zum Umweltschutz:
Wir sind seit 2008 ein ÖKOPROFIT®-Betrieb und setzen uns damit aktiv für den Umweltschutz ein. Das ÖKOPROFIT®-Projekt unterstützt Betriebe dabei, die Umwelt durch nachhaltiges Wirtschaften zu entlasten.
Unsere Produkte sind grundsätzlich auf chlorfrei gebleichtes und nach Umweltschutzstandards zertifiziertes Papier gedruckt.

ISBN 978-3-8346-2344-7
Printed in Germany

Inhalt

Vorwort 4

Über die Reihe 6

Kindheit

Der erste Schultag 7

Der alte Jensch 13

Bei der Heuernte 19

Beim Kühe hüten 26

Der Liebesbote 33

Glatzenschneider Henke 40

Deutschland wird Weltmeister 47

Im dunklen Keller 54

Konfirmation mit Hindernissen 61

Jugendzeit

Ach, Blümlein blau 68

Die erste Tanzstunde 75

Freundinnen auf großer Fahrt 81

Erwachsenenalter

Der Heiratsantrag 88

Der Führerschein 96

Der neue Fußball 104

Die Urlaubsüberraschung 111

Der achtzigste Geburtstag 119

Liebe Vorlesende liebe Zuhörer,

mein Name ist Annette Weber. Seit fast 30 Jahren bin ich als Autorin tätig, schreibe Bücher, Geschichten und Theaterstücke für Kinder, Jugendliche und Erwachsene.

Die Geschichten, die ich hier erzähle, habe ich mir ausgedacht, und doch enthalten die meisten von ihnen einen wahren Kern. Viele Menschen haben mir, als ich mit der Arbeit zu diesem Buch begann, Situationen aus ihrem Leben erzählt, die in die Geschichten eingeflossen sind. Ihnen möchte ich hiermit noch einmal ganz herzlich danken.

Mein besonderer Dank gilt meinem Vater und meiner Tante Hanna. Sie haben mich oft beraten, die Geschichten gelesen und mir wichtige Rückmeldungen gegeben.

Ebenfalls danken möchte ich dem Haus Ruhrgarten der evangelischen Altenhilfe aus Mülheim an der Ruhr. Auch hier wurden die Geschichten gelesen und besprochen und die Resonanz an den Verlag weitergegeben.

Das Arbeiten an dem Buch hat mir viel Spaß gemacht. Ich hoffe, Sie spüren das zwischen den Zeilen.

Ich wünsche Ihnen mit diesem Buch viel Freude, und hoffe, dass auch Sie sich beim Vorlesen oder Zuhören der Geschichten an viele verschiedene Stationen in Ihrem Leben erinnern.

Liebe Grüße
Annette Weber

Über die Reihe

Lesen ist eine der schönsten und zeitlosesten Freizeitbeschäftigungen für Jung und Alt. In Erzählungen abtauchen, sich in andere Personen hineinversetzen, via Fantasie Zeitreisen unternehmen … Lesen bietet die Möglichkeit, dem Alltag zu entfliehen und ihn gleichzeitig zu verarbeiten. Wem das Lesen jedoch Mühe bereitet, kann Lesevergnügen auch über das Vorlesen erleben.

Die Reihe **„5-Minuten-Vorlesegeschichten für Menschen mit Demenz"** berücksichtigt die Einschränkungen von Demenzkranken mit kurzen, pointierten und einfachen Geschichten, die an das Alltagserleben anknüpfen. Mal humoristisch, mal nachdenklich oder auch religiös-besinnlich – je nach Anlass und Situation können Sie die passende Geschichte auswählen und die Zuhörer zum Gedankenaustausch anregen. Die entsprechenden Anschlussfragen zu jeder Geschichte bieten die dazu nötigen Anknüpfungspunkte – für ein abwechslungsreiches (Vor-)Lesevergnügen!

Der erste Schultag

Als ich klein war, spielte ich den ganzen Tag mit meiner Freundin Wilhelmine auf der Straße und kam erst abends schmutzig und hungrig nach Hause.

„Komm du erst mal in die Schule, Richard. Dann hast du keine Zeit mehr zum Spielen", sagten meine Eltern immer.

Manchmal besuchte ich meinen Onkel. Dann sah ich meine Cousins am Küchentisch sitzen, wie sie Buchstaben und Zahlen auf ihre Tafeln schrieben. Ernst und müde sahen sie dabei aus.

„Komm du erst mal in die Schule, Richard. Dann musst du den ganzen Tag lernen", sagten meine Cousins.

Und einmal besuchte ich meinen großen Freund Hermann. Der hatte ganz verweinte Augen. Er hatte eine schlechte Klassenarbeit mit nach Hause gebracht und eine kräftige Tracht Prügel von seinem Vater bekommen.

„Komm du erst mal in die Schule, Richard. Dann hast du nur noch Ärger", murmelte Hermann.

Das hörte sich wirklich schrecklich an.

Nach den Osterfeiertagen sollte auch für mich die Schulzeit beginnen. Und ehrlich gesagt, hatte ich ziemlichen Respekt davor. Am liebsten wäre ich immer zu Hause geblieben, aber das ging nicht. Ich war schließlich sechs Jahre alt, und das war nun mal die Zeit, in der man eingeschult wurde.

„Nun fängt der Ernst des Lebens an", meinte mein Vater.

Aber das wusste ich ja schon.

Dann war er da, mein erster Schultag. Um mir den Schulbeginn zu versüßen, überreichten mir meine Eltern am Morgen eine Zuckertüte. Zur Schule konnten mich meine Eltern nicht begleiten, denn die Arbeit auf dem Hof erledigte sich schließlich auch nicht von alleine.

„Richard, geh mit Wilhelmine zur Schule. Die weiß Bescheid“, sagte meine Mutter zu mir.

Obwohl ich ein Junge war, war Wilhelmine meine allerbeste Freundin. Sie war wie ich ein i-Männchen. Wilhelmine kannte die Schule schon aus den vielen Erzählungen ihrer großen Geschwister. Sie hatte von ihnen schon schreckliche Geschichten über die Schule gehört. Und so hatte auch Wilhelmine große Angst.

Wir gingen beide ängstlich neben ihrem großen Bruder Heinrich her und hielten uns fest an den Händen. Heinrich brachte uns zu einer Lehrerin, die auf dem Pausenhof wartete.

„Das ist meine kleine Schwester Wilhelmine, und der andere ist ihr Freund Richard“, erklärte Heinrich der Lehrerin. Die nickte uns freundlich zu.

Ich war froh, dass wir so eine freundliche Lehrerin hatten. Sie trug ein schwarzes, langes Kleid mit einem Stehkragen. Ihre Haare waren am Hinterkopf zu einem Knoten zusammengebunden. Aber sie lächelte und schrieb sich unsere Namen auf.

Einige Kinder schauten zu Wilhelmine und mir herüber.

„Liebespaar, küsst euch mal!“, rief ein Junge.

Wilhelmine und ich achteten nicht auf ihn.

Wir hielten uns weiter fest an den Händen.

Schließlich hatten sich alle Kinder auf dem Schulhof versammelt. Wir waren eine große Gruppe.

Ein Junge lief über den Schulhof und läutete mit einer Glocke. Die Schule begann.

Wilhelmines Hand umklammerte meine noch fester. Jetzt ging es also los. Nun begann das, was alle immer den „Ernst des Lebens" nannten.

Die Lehrerin machte uns ein Zeichen, und dann gingen wir in das Schulgebäude hinein. Eine Tür wurde geöffnet, und wir betraten den Klassenraum. Ehrfürchtig standen wir an der Wand und starrten auf die Tische und Bänke.

Die Lehrerin begann, einen nach dem anderen an einen Platz zu führen.

„Wo möchtest du sitzen?", fragte sie mich.

„Ich möchte neben Wilhelmine sitzen", sagte ich.

Wilhelmine nickte. „Und ich neben Richard", sagte sie tapfer und umklammerte meine Hand immer noch.

Da lachten alle ganz laut. Warum nur? Das verstand ich überhaupt nicht.

Auch die Lehrerin lachte.

„Aber Richard, das geht doch nicht", sagte sie. „Die Mädchen sitzen links, die Jungen rechts."

Ich bekam einen furchtbaren Schreck. Das war mir bis jetzt noch gar nicht aufgefallen.

„Aber ich will neben Wilhelmine sitzen“, flüsterte ich leise.

„In der Klasse sitzen Jungen immer neben Jungen und Mädchen neben Mädchen“, erklärte die Lehrerin geduldig.

Da ließ mich Wilhelmine los. Ich merkte erst jetzt, wie verschwitzt meine Hand war.

„Magst du vielleicht neben Ernst sitzen?“, fragte mich die Lehrerin dann.

Ich kannte niemanden, der Ernst hieß. Ich kannte sowieso niemanden außer Wilhelmine. Aber ich nickte tapfer.

„Na gut“, sagte ich dann.

Die Lehrerin führte mich zu einem Jungen, der ziemlich weit hinten saß. Er war auch allein. Jetzt lächelte er mir zu und rückte ein Stück zur Seite, damit ich mich neben ihn setzen konnte. Später kamen noch zwei andere Jungen in unsere Bank. Sie waren nett, und ich fühlte mich nicht mehr ganz so alleine.

An dem Tag durften wir schon auf unsere Tafeln schreiben. Wir lernten das große H, und es sah aus wie eine Turnstange.

Mittags ging ich dann mit Wilhelmine nach Hause. Natürlich gingen wir wieder Hand in Hand wie immer. Da war es egal, dass die anderen „Liebespaar, küsst euch mal!“ riefen. Denn nachmittags konnte ich spielen, mit wem ich wollte. Das ließ ich mir von niemandem vorschreiben!

Lassen Sie erzählen:

* Hatten Sie auch eine Zuckertüte an Ihrem ersten Schultag?
* Wer hat Sie an Ihrem ersten Schultag begleitet?
* Wie hieß Ihre Lieblingslehrerin oder Ihr Lieblingslehrer?
* Wie sah Ihr Klassenraum aus?
* Wer saß mit Ihnen in der Schulbank?
* Mit wem waren Sie in Ihrer Schulzeit besonders gut befreundet?

Der alte Jensch

Ich erinnere mich noch sehr gut an unseren Chemielehrer. Wir nannten ihn nur „den alten Jensch". Wahrscheinlich war er gar nicht so alt, aber uns Schülern kam er uralt vor. Jahr für Jahr quälte er uns mit seinem Chemieunterricht. Wir hatten alle Angst vor ihm.

Montags und freitags hatten wir immer Chemie.

„Paulsmeier! Aus der Bank treten!", brüllte er mit seiner quakenden Stimme durch den Chemieraum.

Heinrich Paulsmeier, das war ich. Wenn ich meinen Namen hörte, zitterten mir sofort die Knie. Ich sprang auf der Stelle aus der Bank. Dabei spürte ich, wie mir alle Farbe aus meinem Gesicht wich.

„Paulsmeier, wie heißt die chemische Verbindung von Kohlenwasserstoff?“

Selbst wenn ich die chemische Verbindung kannte, spätestens wenn mich der alte Jensch so anbrüllte, war mein Kopf leer.

Das machte den Chemielehrer nur noch wütender, und seine Beleidigungen wurden immer schlimmer.

„Paulsmeier, sind Sie dumm?“, schrie er dann. „Was soll bloß aus Ihnen werden? Sie haben ja nicht mal das Zeug zum Nachtwächter!“

Ja, dann konnte er uns wirklich so kränken und bloßstellen, dass uns die Tränen in den Augen standen.

Einmal war mein Freund Reinhard an der Reihe.

„Willner! Aus der Bank treten!“, brüllte der alte Jensch wieder. Auch Reinhards Gesicht wechselte die Farbe. Zitternd trat er auf den Gang.

„Willner? Was bedeutet H_2O?“

Aber Reinhard hatte keine Ahnung. Ich wusste es leider auch nicht. Sonst hätte ich es ihm vorgesagt.

„Willner, Sie sind der dümmste Schüler der ganzen Schule!“, tobte der alte Jensch. „Sie werden bestimmt mal der größte Taugenichts der Stadt. Bis morgen schreiben Sie mir alle chemischen Verbindungen hundertmal auf. Setzen!“

Als Reinhard sich wieder setzte, war er kalkweiß im Gesicht.

Ich legte ihm kurz meine Hand auf den Arm.

„Beruhige dich“, flüsterte ich.

Aber Reinhard schüttelte den Kopf.

„Das zahle ich ihm heim“, flüsterte er mir zu.

Der alte Jensch kam jeden Morgen mit seinem Fahrrad zur Schule gefahren, einem schwarzen sportlichen Rad mit schmalen Reifen. Das Fahrrad war sein größtes Heiligtum. Es war immer geputzt und glänzte in der Sonne. Der alte Jensch stellte sein Fahrrad aber nie am Fahrradständer der Schule ab, so wie wir es machten. Nein! Er nahm es mit in die Schule hinein, schob es über die langen Flure und brachte es im Hinterzimmer des Chemieraums in Sicherheit. Dort schloss er es sorgfältig ab.

Ich glaube, der alte Jensch ahnte, wie gerne wir sein Fahrrad mal in die Finger bekommen hätten. Wir hatten riesige Lust, ihm wenigstens mal die Luft aus den Reifen zu lassen. Aber das war leider nicht möglich.

Nur an einem Tag war alles anders. Es war der Tag, an dem Reinhard seine Strafarbeit beim Jensch abliefern musste. Ich erinnere mich noch gut, wie Reinhard mit einem Packen von Zetteln in der Hand Richtung Chemieraum marschierte. Er hatte ein grimmiges Gesicht aufgesetzt, die Lippen aufeinandergepresst und die Unterlippe etwas vorgeschoben.

Ich ging langsam zum Schulausgang und beschloss, an der Schulmauer auf meinen Freund zu warten. Plötzlich sah ich vor dem Fahnenmast der Schule eine große Schülermenge stehen. Alle lachten und johlten.

„Guck mal!", brüllte einer.

„Das gibt's doch gar nicht!", rief ein anderer.

„Das ist ja knorke!"

Was war nur passiert? Schnell bahnte ich mir einen Weg durch die Menge, bis ich endlich am Fahnenmast angekommen war. Dann blickte ich nach oben. Nun musste auch ich furchtbar lachen. Oben am Fahnenmast hing nämlich ein schwarzes, blitzendes Fahrrad. Kein Zweifel. Es war das Rad vom alten Jensch.

Und der kam er auch schon aus der Schule gerannt, direkt auf uns Schüler zu. Auch er blickte nach oben.

„Mein Fahrrad!", schrie er, und seine Stimme überschlug sich fast. „Mein schönes Fahrrad!"

Wir lachten immer noch so laut wir konnten.

Der alte Jensch sah sich in der Schülermenge um.

„Wer war das?", brüllte er und riss die Hände in die Höhe. „Ich will sofort wissen, wer das war! Melden Sie sich umgehend!"

Aber niemand rührte sich.

Der alte Jensch sprang wie ein HB-Männchen im Kreis herum.

„Holen Sie auf der Stelle mein Fahrrad herunter", forderte er nun.

Doch niemand bewegte sich. Schließlich hatten wir auch keine Ahnung, wie wir das anstellen sollten.

Der alte Jensch war richtig außer sich. Mit rotem Gesicht hüpfte er wie ein kleiner Teufel vor dem Fahnenmast herum und brüllte. Da machten wir uns alle schnell aus dem Staub.

Auf dem Rückweg traf ich meinen Freund Reinhard wieder.

„Warst du das mit dem Fahrrad?", wollte ich wissen.

Reinhard grinste. „Welches Fahrrad?", fragte er. „Als ich im Chemieraum war, war keins mehr da."

Bis heute weiß ich nicht, wie das Rad dort an den Fahnenmast gekommen ist. Und ehrlich gesagt, will ich es auch gar nicht wissen.

Der alte Jensch ging kurze Zeit später in den wohlverdienten Ruhestand. Und damit hatten wir auch endlich unsere Ruhe vor ihm. Gott sei Dank!

Lassen Sie erzählen:

* Sind Sie gern zur Schule gegangen?
* Hatten Sie auch einen Lehrer, vor dem sich jeder fürchtete?
* Welche Fächer unterrichtete dieser Lehrer?
* Hatten Sie ein Lieblingsfach?
* Erinnern Sie sich noch an Schulstreiche?

Bei der Heuernte

Es waren die Tage um Johanni. Sie waren wie so oft heiß und trocken. Eine gute Zeit für die Heuernte.

„Morgen geht es los!", verkündete mein Vater mit Blick in den Himmel. „Morgen wird gemäht."

Für uns bedeutete das, dass wir nicht zur Schule gehen mussten. Wir hatten nur einen kleinen Bauernhof. Pferde und eine Mähmaschine besaßen wir nicht, und so mussten wir alle mit anfassen. Jede Hand wurde gebraucht. Von den Kindern bis zu den Großeltern arbeiteten alle mit.

Schon am frühen Morgen standen wir um vier Uhr auf und begannen, das Heu mit der Sense zu mähen. Meine beiden Brüder und ich mähten das Feld von der einen Seite, meine Eltern und Großeltern von der anderen Seite. Es war eine schweißtreibende Arbeit.

Als die Sonne mittags hoch am Himmel stand, machten wir eine kurze Pause. Es gab Milch und Wasser und dicke Brote mit Wurst und Butter. Wir aßen mit großem Appetit. Doch viel Zeit hatten wir nicht, uns auszuruhen. Es gab noch viel zu tun. Wir hatten erst ein Viertel des Feldes gemäht.

Plötzlich hörten wir lautes Gejohle. Die Söhne des Bauern Radke zogen mit ihren Pferden den Feldweg herunter und winkten uns zu. Sie hatten ihre Arbeit hinter sich. Mit ihren Mähmaschinen und den Pferden waren sie so viel schneller als wir.

„Warum haben wir keine Mähmaschine?", jammerte mein kleiner Bruder Gustav.

„Wir sind arme Leute", erwiderte mein Vater. „Das Geld reicht nicht für eine Maschine."

„Blöd!", raunzte mein Bruder. „Wenn ich groß bin, will ich ein reicher Bauer sein."

Er sprang auf und rannte hinter dem Pferdefuhrwerk her. Dabei winkte er wie wild. Dann plötzlich knickte er um und stürzte. Gustav schrie laut auf.

Meine Eltern und wir Geschwister liefen so schnell wir konnten zu ihm. Gustav lag auf dem Feld und hielt sich wimmernd den Knöchel. Mutter zog ihm die Schuhe aus. Sein Fuß begann sofort, dick zu werden. Wahrscheinlich hatte er sich etwas gebrochen.

Nun brach eine riesige Aufregung los. Mein Bruder, das war klar, musste sofort ins Krankenhaus. Vater packte ihn und warf ihn sich über die Schulter. Dann lief er mit ihm quer über das Feld zum Haus zurück. In der Zwischenzeit rannte ich zum Bauern Radke hinüber. Die hatten ein Telefon und sogar ein Auto.

Bauer Radke stand gerade auf dem Hof und reinigte seine Maschine.

„Was ist los?“, wollte er wissen.

„Gustav ist mit seinem Fuß umgeknickt!“, japste ich außer Atem. „Er hat sich wohl den Fuß gebrochen.“

Meine Stimme überschlug sich vor Aufregung. Bauer Radke sah mich besorgt an.

„Muss er ins Krankenhaus?“, fragte er.

Ich nickte. Dann lief mir tatsächlich eine Träne die Wange herunter. Das war mir ziemlich peinlich, und ich wischte sie schnell mit dem Ärmel fort.

„Vater trägt ihn vom Feld“, berichtete ich.

„Ich hole mein Auto“, meinte Bauer Radke. „Ruf du schon mal im Krankenhaus an.“

Er ließ seine Maschine auf dem Hof stehen, rannte zu seinem Auto, stieg ein und fuhr los.

Ich zögerte. Schließlich ging ich über den Hof zu der Hintertür, die in die Küche führte, und klopfte an. Willy Radke, der Sohn des Bauern, öffnete.

„Rolf? Du?“

„Kann ich mal bei euch telefonieren? Mein Bruder ist gestürzt. Er muss ins Krankenhaus.“

„Natürlich“, erwiderte Willy und sah sehr erschrocken aus. Willy zeigte mir das Telefon im Flur. Ich hatte noch nie in meinem Leben telefoniert. Darum wusste ich überhaupt nicht, wie das ging. Willy bemerkte meine Unsicherheit.

„Soll ich das für dich machen?“

Ich nickte, und er wählte die Nummer des Krankenhauses. Dann sagte er zu der Stimme am anderen Ende, dass gleich ein Junge eingeliefert würde, der Hilfe brauchte.

Als er aufgelegt hatte, sahen Willy und ich uns etwas verlegen an.

„Danke“, sagte ich. „Du hast uns sehr geholfen.“

Dann wandte ich mich zum Gehen. Meine Brüder und ich mussten doch noch das Feld weitermähen. Ohne meine Eltern würde es nun noch länger dauern.

„Warte mal", rief Willy mir nach. „Habt ihr euer Heu schon gemäht?"

Ich schüttelte den Kopf. „Wir haben noch nicht mal die Hälfte geschafft", erklärte ich. „Aber jetzt müssen Mutter und Vater erst mal mit Gustav ins Krankenhaus. Das kann dauern."

Willy nickte. Dann überlegte er einen Moment lang.

„Warte", sagte er wieder. Dann öffnete er die Tür zum Flur und verschwand. Kurze Zeit später kam er mit seinen Geschwistern Johannes und Lisbeth zurück. Sie liefen auf den Hof. Ich wusste nicht, was das zu bedeuten hatte.

„Komm mit!", rief mir Willy zu. „Wir wollen die Pferde anspannen."

Ich lief hinter ihnen her. Lisbeth und Johannes holten die beiden Pferde von der Wiese, und Willy spannte sie vor die Mähmaschine.

Ich sah sie verwundert an. Was hatten sie vor?

„Starr keine Löcher in die Luft!", rief Willy mir zu. „Steig auf! Wir helfen euch!"

Das ließ ich mir nicht zweimal sagen. Ich kletterte auf den Wagen und fuhr mit den Radkes zu unserem Feld zurück. Meine Brüder machten vielleicht große Augen.

„Juhuu!", riefen sie dann und sprangen vor Freude in die Luft. So viel Nachbarschaftshilfe hatten sie nicht erwartet.

Mit Hilfe der Maschine war das Feld schnell gemäht. Und es machte sogar richtig Spaß, mit den Nachbarskindern gemeinsam zu arbeiten.

Abends saßen wir alle noch lange auf dem Feld, tranken Apfelsaft und feierten unsere neue Freundschaft.

Die Radkes halfen uns auch in den darauffolgenden Tagen weiter bei der Heuernte. Sie hatten sogar einen Trommelwender, um das Heu zu wenden. So ging in diesem Jahr die Arbeit so schnell wie noch nie.

Mein kleiner Bruder Gustav hatte sich übrigens tatsächlich den Knöchel gebrochen. Er musste einen Gips tragen und sein Bein still halten. So verpasste er die ganze Heuernte. Darüber war er sehr traurig, denn er hätte zu gerne auch mal auf dem Fuhrwerk gesessen.

Lassen Sie erzählen:

* Haben Sie bei der Heuernte geholfen?
  - Welche Arbeit musste getan werden?
  - Welche Maschinen gab es?
  - Wer übernahm welche Arbeit?
  - Gab es Unfälle bei der Ernte?
* Fallen Ihnen noch alte Bauernregeln, wie z.B. "Johanni trocken und warm, macht den Bauern nicht arm", ein?
* Wann haben Sie zum ersten Mal in Ihrem Leben ein Telefon benutzt?

Beim Kühe hüten

Wenn die Heuernte vorbei war, begann die schönste Zeit auf dem Land. Wir durften nämlich die Kühe hüten. Alle Wiesen waren nun zum Weiden freigegeben, und man konnte die Kühe laufen lassen, wohin sie wollten.

Meine Eltern besaßen zehn Kühe. Mit denen konnten meine Brüder, meine Schwester und ich nun auf die Wiesen ziehen. Wir hatten alle einen Stock dabei. Als wir die Kühe die Dorfstraße entlangtrieben, kamen wir am

Haus des Bürgermeisters vorbei. Lore, die Tochter des Bürgermeisters, stand vor dem Haus und sah uns zu. Sie war eigentlich immer ein bisschen hochnäsig und glaubte, etwas Besseres zu sein als wir Bauernkinder. Aber diesmal sah sie ganz neidisch aus.

„Kann ich nicht mit euch kommen?", fragte sie. „Ich will auch mal Kühe hüten."

„Natürlich kannst du mitkommen", erwiderte mein Bruder Egon freundlich.

„Ich frag mal meine Mutter, ja?", rief Lore aufgeregt. „Könnt ihr so lange warten?"

Wir hatten keine Eile. Die Kühe fraßen das Gras vom Wegrand, eine knabberte sogar im Vorgarten des Bürgermeisters herum.

Schließlich kam Lore wieder aus dem Haus. Sie hatte ihren kleinen Bruder an der Hand und zog ihn hinter sich her. Sie sah wütend aus.

„Ich darf nur mit, wenn ich auf Heiner aufpasse", sagte sie unglücklich. „Macht euch das was aus?"

„Nein, nein, er kann ruhig mitkommen", meinten meine Brüder. Egon schnappte sich den kleinen Heiner und setzte ihn auf den Rücken einer Kuh.

„Schön festhalten."

Heiner umklammerte den Strick. Als die Kuh losmarschierte, quietschte er vor Vergnügen.

„Hüa, hü!“, rief er.

Jetzt mussten wir alle lachen. Da saß der Kleine nun auf dem Rücken der Kuh und kam sich wie ein Cowboy vor.

Nach gut einer Stunde waren wir auf den Weiden hinterm Dorf angekommen. Wir ließen die Tiere laufen, legten uns ins Gras und schauten in den blauen Himmel.

„Grüßt's euch!“, hörten wir da Stimmen neben uns.

Andere Kinder aus dem Nachbardorf waren ebenfalls auf die Weiden gezogen, um ihre Kühe zu hüten. Wir setzten uns zusammen, spielten Karten und redeten miteinander. Es war richtig schön, sich mal wieder zu treffen. Ein Junge vom Nachbardorf hatte sogar einen Ball mit, und so begannen einige, auf der Wiese Fußball zu spielen. Lore und ich flochten einen Blumenkranz aus dicken Butterblumen. Den steckten wir uns gegenseitig in die Haare.

„Du bist eine richtig nette Freundin“, sagte Lore und umarmte mich.

Ich freute mich sehr darüber.

„Mir ist langweilig“, stöhnte der kleine Heiner. „Wollen wir nicht weiterziehen?“ Er zupfte seine Schwester an der Schürze.

„Heiner, lass mich in Ruhe“, schimpfte Lore mit ihm. „Wir ziehen jetzt nicht weiter. Die Kühe weiden doch noch.“

Und sie drehte sich wieder zu mir um.

„Hast du Lust, *Fischer, Fischer, wie tief ist das Wasser* zu spielen?“, fragte sie mich.

Und ob ich Lust hatte! Das war mein Lieblingsspiel. Auch die Jungen hatten Spaß daran. Wir stellten uns gegenüber auf. Auf der einen Seite die Fische, auf der anderen der Fischer.

„Fischer, Fischer, wie tief ist das Wasser?“, riefen wir Fische.

„Zweitausend Meter tief“, antwortete der Fischer.

„Wie kommen wir da rüber?“

„Schwimmen.“

Nun versuchten wir, mit Schwimmbewegungen auf die andere Seite zu kommen, ohne vom Fischer gefangen zu werden.

Der kleine Heiner wurde natürlich sofort gefangen. Das ärgerte ihn sehr. Er maulte eine Weile, dann ging er zu den Kühen hinüber.

„Sag mal, Lore, wo ist eigentlich dein kleiner Bruder?“, fragte ein Junge, nachdem wir eine Weile gespielt hatten.

Lore sah auf. „Da drüben, bei den Kühen“, meinte sie.

Wir schauten alle zu den Kühen hinüber. Aber von Heiner war weit und breit nichts zu sehen. Nun wurde Lore unruhig.

„Wo ist er bloß?“, fragte sie ängstlich.

Die anderen zuckten die Achseln. Niemand hatte auf Heiner geachtet. Jetzt wurden wir nervös. Wir suchten auf der Wiese hinter den Sträuchern. Und auch das kleine Wäldchen neben der Wiese durchstreiften wir. Immer wieder riefen wir seinen Namen, aber Heiner meldete sich nicht.

„Hoffentlich ist er nicht in den Bach gefallen", überlegte Egon.

Da kriegten wir es wirklich mit der Angst zu tun.

„Heiner, Heiner!", riefen wir lauter und rannten hin und her. Zuletzt teilten wir uns auf. Die Jungen wollten zu dem Bach hinüberlaufen. Lore, meine Schwester Lotte und ich sollten noch einmal in dem Wäldchen suchen. Die Kinder aus dem Nachbarort wollten bei den Bauern auf dem angrenzenden Hof fragen.

Lore, Lotte und ich rannten zu dem Wäldchen. Lore war so verzweifelt, dass ihr die ganze Zeit über Tränen über die Wangen liefen.

„Wenn etwas passiert ist ...", schluchzte sie.

Ich wusste gar nicht, wie ich sie trösten sollte.

Plötzlich sahen wir eine dicke schwarz-weiße Kuh an einem Baum stehen. Jemand hatte sie dort festgebunden. Und nun sahen wir auch, dass sich jemand mit ein paar Stöcken einen kleinen Unterschlupf gebaut hatte.

„Das gibt's doch nicht!", rief Lore. „Da ist er ja!"

Und tatsächlich. Der kleine Heiner hatte ein paar Holzstöcke wie ein Zelt zusammengelegt und sich dort hineingesetzt.

„Heiner!“, riefen Lore und ich wie aus einem Mund. „Du kannst doch nicht einfach weglaufen!“

„Hier ist mein Haus!“, rief er. „Mein Pferd Hannes und ich wohnen hier.“

„Dein Pferd Hannes?“, rief Lore und zeigte auf die schwarz-weiße Kuh. Dann prusteten wir lauthals los. Wir waren so froh, dass wir den kleinen Ausreißer gefunden hatten.

Ich lief schnell zu den anderen Kindern und sagte ihnen Bescheid. Dann kehrten wir alle auf die Wiese zurück.

Als wir spät am Abend ins Dorf zurückgingen, ließen wir Heiner auf seiner Pferde-Kuh Hannes reiten. Er war unheimlich stolz und glücklich. Und wir waren es auch!

Lassen Sie erzählen:

* Haben Sie als Kind früher auf dem Land auch Kühe gehütet?
  - Wohin zogen Sie mit den Kühen?
  - Wer kam mit Ihnen?
  - Wie haben Sie sich die Zeit vertrieben?
* An welche Kinderspiele erinnern Sie sich?
* Gab es typische Jungen- und Mädchenspiele?
* Gab es in Ihrem Dorf oder in Ihrer Stadt auch Kinder, die glaubten, etwas Besseres zu sein?

Der Liebesbote

Walter war der Jüngste in der Familie. Und der einzige Sohn. Der Stammhalter, wie der Vater immer sagte. Außer ihm gab es noch fünf Schwestern.

Das hatte Vor-, aber auch Nachteile für Walter. So musste Walter beispielsweise nicht im Haushalt helfen. Das erledigten die Schwestern. Hausarbeit ist Frauenarbeit, dachte man damals noch. Er wurde auch nicht zu schweren Arbeiten herangezogen, denn er war ja der

Kleinste in der Familie. So hatte er das Glück, den ganzen Tag zu spielen und in Ruhe gelassen zu werden.

Der Nachteil aber war: Er wurde auch nicht wirklich ernst genommen. Seine Schwestern wussten alles immer besser, waren schneller und klüger als er.

Auch in der Liebe waren sie ihm natürlich voraus. Sie gingen zum Tanz in den Mai und schickten ihn nach Hause, wenn die ersten verliebten Blicke fielen.

„Geh nach Hause, Walter. Du musst ins Bett", sagten sie dann.

Und wenn er noch eine Weile an der Tanzfläche stand und zuschaute, wie sie mit einem Tanzpartner über das Parkett fegten, wurden sie richtig böse.

„Ich sag's dem Vater, wenn du nicht bald verschwindest."

Ja, dann blieb Walter nichts anderes übrig, als sich nach Hause zu trollen.

Aber in dem Moment, als sie sich verliebten, fiel ihnen zum ersten Mal auf, dass ihr Bruder ihnen eine Hilfe sein könnte.

„Walter? Kannst du das Briefchen zum Bäcker Hämmerle bringen?", fragte seine Schwester ihn. „In der Backstube arbeitet der Bäckergeselle Peter. Den Brief darfst du nur ihm geben. Und lass dich bloß nicht erwischen!"

Das war Walters Chance. Er war sowieso immer knapp bei Kasse. Jetzt witterte er ein gutes Geschäft.

„Fünfzig Pfennig!", forderte er.

Der Weg zum Bäcker war schließlich weit, und der Bäckermeister war ein unfreundlicher Mann, dem man nicht so gerne begegnete.

„Du undankbares Kind", zeterte seine Schwester. „Habe ich nicht alles für dich getan? Dich umsorgt, wenn du krank warst? Dich zur Schule gebracht, wenn du Angst vor den großen Jungs hattest?"

Aber Walter blieb stur.

„Fünfzig Pfennig."

Seine Schwester schimpfte weiter, aber schließlich bezahlte sie ihn für seine Dienste.

Noch am Nachmittag ging Walter zum Bäcker Hämmerle hinüber, wartete einen günstigen Moment ab und schlich in die Backstube.

„Hier. Ein Brief von meiner Schwester", flüsterte er und überreichte dem Bäckergesellen den Brief.

Der war überrascht und hocherfreut. Sofort schrieb er ein paar Zeilen zurück. Auch für diese Dienste nahm Walter Geld. Und so kam auf Dauer ein nettes Sümmchen zusammen.

Nun wurden auch seine anderen Schwestern auf ihn aufmerksam. Die eine war in den Schmied verliebt, die andere wollte sich mit einem Bauernsohn treffen, und eine hatte sogar ein Auge auf den neuen Lehrer geworfen.

„Walter, kannst du dieses Briefchen mal zum Jörg bringen?"

„Walter, läufst du mal zum Franz und bringst ihm etwas von mir?"

Walter war ein verschwiegener Liebesbote. Er fragte nicht, und er las die Briefe nicht heimlich. Er überbrachte sie, kassierte sein Geld und schwieg.

Nur manchmal, wenn seine Schwestern heimlich das Haus verließen, um sich mit jemandem zu treffen, schlich er ihnen nach. Dann sah er, wie sie Händchen haltend auf einer Bank saßen oder wie sie jemanden küssten. Und dann überlegte er, wie es wohl bei ihm sein würde, wenn ihn die Liebe erwischte.

Nur mit den vielen Namen und den unterschiedlichen Adressen konnte man manchmal ganz schön durcheinanderkommen.

War das Briefchen vom Bauernsohn Heinz jetzt für Gerda bestimmt? Oder für Brigitte? Walter konnte sich nicht mehr so recht erinnern. Er überlegte eine Weile und gab es schließlich Gerda.

„Treffen wir uns um 20 Uhr am Weiher", las Gerda leise vor. Dann runzelte sie die Stirn: „Um 20 Uhr? Muss er da nicht arbeiten?"

„Wenn es da steht", erwiderte Walter. „Mehr weiß ich nicht."

Gerda wunderte sich ein wenig, machte sich dann aber heimlich zurecht.

„Ich gehe mal schnell zum Briefkasten", rief sie ihren Eltern zu. Dann verschwand sie. Walter blickte auf die Uhr. Es war Punkt acht. Sicherlich traf sich Gerda nun mit ihrem Heinz am Weiher. Vielleicht sollte er Gerda folgen.

Leise schlich Walter ihr nach. Es war schon dunkel, aber im Schein des Mondes konnte man erkennen, dass eine Gestalt am Ufer des Weihers wartete. Gerda lief von hinten auf die Gestalt zu, legte ihre Arme um sie und gab ihr einen Kuss ins Haar. Jetzt drehte sich der junge Mann um, und Gerda schrie entsetzt auf.

„Heinz!"

„Gerda!", rief nun der Mann. „Ich warte doch auf Brigitte!"

„Oh nein!", rief Gerda außer sich. „Mein Bruder hat bestimmt die Briefe vertauscht!"

In dem Moment kam eine Gestalt aus dem Unterholz geschossen. Es war Willy, der Schmied.

„Was machst du hier?", fauchte er Gerda an. „Und wieso küsst du einen anderen Mann?"

„Ich habe doch …", versuchte Gerda, zu erklären, aber Willy hörte überhaupt nicht zu. Peng, hatte Heinz Willys Faust im Bauch. Und dann prügelten sich die beiden, bis Willy schließlich im Weiher landete.

Es dauerte eine ganze Weile, bis sich alle beruhigt hatten und anhören konnten, wie die Verwechslung passiert sein musste.

Nur Walter duckte sich tief ins Unterholz und schlich so leise wie möglich nach Hause zurück. Das würde bestimmt ganz schön Ärger geben.

Zum Glück war dann aber alles halb so schlimm. Gerda fand es eigentlich ganz charmant, dass Willy so um sie gekämpft hatte.

Doch in Zukunft notierte sich Walter immer genau, welchen Liebesbrief er wem überbringen sollte.

Lassen Sie erzählen:

* Erinnern Sie sich noch an heimliche Treffen mit Ihrem Liebsten/Ihrer Liebsten?
  - Welche Ausrede haben Sie benutzt, um sich heimlich davonzuschleichen?
  - Wo haben Sie sich getroffen?
  - Wie ist das Treffen verlaufen?
* Hatten Sie eine erste große Liebe?
* Haben Sie auch schon einmal Liebesbote gespielt?

Glatzenschneider Henke

Als ich drei Jahre alt war, mussten mir die Polypen in der Nase entfernt werden. Meine Mutter fuhr mit mir zu einem Hals-Nasen-Ohren-Arzt. Der Arzt gab mir eine örtliche Betäubung und begann dann, mit einem zangenartigen Instrument in meiner Nase herumzufuhrwerken. Ich hatte schreckliche Angst. Niemand hatte mir erklärt, was hier passierte. Wo war meine Mutter? Ich saß im Operationsstuhl und schrie und schrie.

„Wenn du so schreist, kommst du nie wieder zu deiner Mutter“, sagte der Arzt. Da schrie ich nur noch lauter.

Ja, so war das damals. Man wurde als Kind einfach nicht richtig aufgeklärt. Die Erwachsenen glaubten, Kinder würden das alles noch nicht verstehen.

Als ich endlich wieder in den Armen meiner Mutter lag, war ich völlig verweint und verstört. Und danach hatte ich eine panische Angst vor allen Menschen, die einen weißen Kittel trugen. Zum Arzt kriegten mich keine zehn Pferde mehr!

Auch vor dem Friseur hatte ich riesengroßen Bammel.

„Glatzenschneider“ nannten ihn die Kinder in unserer Straße. In Wirklichkeit hieß er Herr Henke. Und bestimmt war er sogar ein netter Mann. Doch ich fürchtete mich vor ihm. Wenn der alte Henke mit seiner stumpfen Schere an meinen Haaren herumzupfte und schnitt, fing ich jedes Mal laut an, zu heulen. Und wenn er in die Nähe meiner Ohren kam, musste mich meine Mutter im Frisierstuhl festhalten, sonst wäre ich weggerannt. Wenn ich so einen Haarschnitt überlebt hatte, betrachtete ich mich danach täglich im Spiegel. Ich wünschte mir so sehr, dass meine Haare nicht wieder wuchsen. Aber sie wurden jeden Tag ein kleines Stückchen länger. Bald musste ich wieder zum Glatzenschneider. Was für ein Graus!

Ich wartete so lange, bis meine Haare meine Ohren verdeckten.

„Du siehst schon aus wie ein Mädchen", stichelte meine große Schwester immer.

Und mein Vater meinte: „Du musst jetzt aber wirklich zum Friseur."

Dann konnte ich vor Angst nachts gar nicht mehr schlafen.

„Bitte schneide du doch meine Haare", flehte ich meine Mutter an.

Meine Mutter hatte ein weiches Herz. Sie konnte es nicht ertragen, mich so leiden zu sehen.

„Dieses eine Mal mache ich es", sagte sie schließlich. „Aber nur dieses eine Mal!"

Schnell wischte ich meine Tränen fort. Ich war gerettet!

Meine Mutter hängte mir ein Handtuch um die Schultern und setzte mir einen Topf auf den Kopf. Dann begann sie, zu schneiden. Sie machte mir diese typische Topffrisur. Einmal rund um den Kopf und fertig.

Oder doch nicht?

Als sie an der anderen Seite angekommen war, nahm sie den Topf weg und trat einen Schritt zurück. Dann betrachtete sie mich mit kritischem Auge.

„Die linke Seite ist viel kürzer als die rechte", stellte sie fest.

Also schnitt sie noch einmal in die andere Richtung.

Wieder betrachtete sie mich kritisch.

„Jetzt ist die rechte Seite viel kürzer als die linke", meinte sie.

Ich musste lachen. Doch noch ahnte ich nicht, was gleich kommen würde.

Meine Mutter schnitt noch einmal in die andere Richtung. Dann zupfte sie hier ein bisschen und dort ein bisschen, schnitt nochmal rechts und links ein wenig. Schließlich trat sie einen Schritt zurück und betrachtete mich unglücklich. Entsetzt schlug sie die Hände über dem Kopf zusammen.

„Du siehst furchtbar aus!", rief sie.

Ich rannte erschrocken in den Flur und betrachtete mich im Spiegel. Himmel! Das war kaum zu glauben. Meine Haare waren so schief geschnitten, dass ich aussah wie ein Mopp.

Meine Schwester kam ebenfalls in den Flur gelaufen. Als sie mich sah, fing sie laut an, zu lachen. Da schossen mir die Tränen in die Augen.

„Mit diesen Haaren gehe ich nicht zur Schule!", kreischte ich. „Ich bleibe im Bett, bis sie wieder gewachsen sind."

„Aber das geht doch nicht“, rief meine Mutter hilflos.

Von dem lauten Geschrei angelockt, kam nun auch mein Vater aus der Schreinerwerkstatt zu uns herüber. Als er mich sah, blieb sein Mund weit offen stehen.

„Junge!“, rief er entsetzt. „Du siehst aus, als wärst du in die Kreissäge gefallen.“

Dann war es um mich geschehen, und ich fing an, zu heulen.

Jetzt gab es nur noch eine Hilfe: Der Glatzenschneider Henke.

„Es hilft nichts, mein Sohn. Wir müssen zu ihm“, sagte meine Mutter niedergeschlagen.

Sie hatte Recht. Das sah ich ein. Nur er konnte mich noch retten!

So schnell wir konnten, liefen meine Mutter und ich zum Glatzenschneider. Fast freute ich mich, ihn zu sehen. Ich setzte mich folgsam in seinen Frisierstuhl und ließ es zu, dass er meine Haare lange und ausführlich begutachtete.

„Da hilft nur noch eins“, meinte er schließlich. „Der Elektrorasierer.“

Er zog ein schwarzes Ding aus der Schublade und schaltete es an. Das war vielleicht ein scheußliches Geräusch. Doch ich hielt all meinen Mut zusammen und bemühte mich, ruhig zu bleiben.

Mit dem elektrischen Rasierer sauste der alte Henke in allen Richtungen über meinen Kopf. Wie zitterte ich, als er in die Nähe meiner Ohren kam. Ich wartete jeden Moment darauf, dass sie blutend auf den Boden fielen. Aber der Glatzenschneider war vorsichtig, und so blieben die Ohren dran. Die restlichen Haare fielen nun allerdings auch noch auf den Boden. Danach hatte ich zwar keine Glatze, aber einen radikalen Kurzhaarschnitt. Das sah zwar schrecklich aus, war aber nicht so schlimm wie die Kreissägenfrisur meiner Mutter.

Mein Cousin Georg schenkte mir seine Kappe, und die trug ich von da an jeden Tag. Nur nicht in der Schule und zum Kirchgang.

Und beim Glatzenschneider habe ich von da an keinen Zirkus mehr gemacht. Dem hatte ich schließlich viel zu verdanken.

Lassen Sie erzählen:

- Gehen Sie gerne zum Friseur?
- Wie heißt Ihr Friseur?
- Wie oft gehen Sie zum Friseur?
- Haben Sie immer die gleiche Frisur?
- Was lassen Sie beim Friseur alles machen?
- Erinnern Sie sich an einen besonders schönen oder gar verunglückten Haarschnitt?

Deutschland wird Weltmeister

Es war der Sommer 1954, das Jahr, in dem Deutschland Fußballweltmeister wurde. In diesem Jahr waren wir alle fußballverrückt. Wir dribbelten, schossen und kickten den Ball, wann und wo immer wir nur konnten. Wir tauschten Fußballbilder, diskutierten über Spieler und Trainer, über Pässe und Tore. Und wir schlossen Wetten ab.

Ich wettete mit meinem Freund Klaus.

„Deutschland wird Weltmeister!", sagte ich im Brustton der Überzeugung.

Klaus lachte sich kaputt.

„Ungarn wird gewinnen."

Wir wetteten um drei Fußballbilder, darunter eins von Helmut Rahn.

„Kind, rede doch mal von was anderem", seufzte meine Mutter immer.

Aber das war einfach nicht möglich. Ich dachte von morgens bis abends an Fußball.

Und schließlich erwischte ich Mutter selbst dabei, wie sie sich mit meiner Tante Frieda über Fußball unterhielt.

„Die Deutschen spielen so guten Fußball", sagte sie fröhlich. Und meine Tante Frieda erwiderte: „Dieser Helmut Rahn ist ein Teufelskerl!"

Dann kam der Tag, auf den wir alle so ungeduldig warteten. Der Tag des Finalspiels.

Einen Tag vorher war unser Radioapparat in die Binsen gegangen. Er hatte uns schon vorher bei einem Spiel im Stich gelassen. Jetzt ging gar nichts mehr. Mein Vater rannte auf der Stelle los, um einen neuen zu besorgen. Schließlich wollten wir uns alle zum Endspiel vor dem Apparat versammeln.

Am Finaltag stellten meine Eltern, meine Brüder und ich schon eine Stunde vor Anpfiff unsere Stühle vor das Radio und lauschten den ersten Kommentaren. Da klingelte es. Unsere Nachbarn Herr und Frau Sievert standen vor der Tür.

„Können wir die Übertragung des Spiels wohl bei euch hören?", fragte Frau Sievert. „Ihr habt doch so einen guten Apparat."

Und Herr Sievert fügte hinzu: „Gerade heute wollen wir das Spiel nicht alleine verfolgen."

Natürlich stimmten meine Eltern zu. Sie freuten sich sogar.

Einige Minuten später klingelte es erneut. Es war mein Freund Klaus mit seinen Eltern.

„Unser Radioapparat fällt immer aus", jammerte Klaus. „Können wir wohl bei euch hören?"

„Ich habe auch extra einen frischen Apfelkuchen gebacken", sagte Klaus Mutter.

Selbstverständlich wurden auch sie hereingebeten. Frau Sievert holte sogar noch ein paar Stühle von nebenan. Meine Mutter stellte den Apfelkuchen auf den Tisch und verteilte die Teller. Kurze Zeit später kamen noch mein Onkel und mein Großvater vorbei. Mein Opa brachte Malzbonbons mit. Mein Onkel hatte eine Flasche Schnaps dabei.

Die Runde wurde größer, lustiger und lauter. Zuletzt waren wir zwölf Personen, die sich in der guten Stube um den Radioapparat versammelt hatten. Gespannt warteten wir auf den Anpfiff.

Der Spielbeginn versprach nichts Gutes. Schon nach acht Minuten lag Deutschland 0:2 hinten.

„Das wird nichts", murmelte mein Großvater. „Die Ungarn sind einfach zu stark."

Zusammengesunken starrten wir vor uns hin und lauschten. Niemand mochte den Kuchen essen. Nicht mal die Malzbonbons wagten wir, mit den Zähnen zu zerbeißen.

Plötzlich wurde die Situation unübersichtlich. Der Radioreporter sprach immer schneller und wurde lauter.

„Jetzt!", schrie mein Bruder.

Und dann fiel tatsächlich das erste Tor für Deutschland. Gleich danach sogar das zweite. Ausgleich! Wir waren völlig aus dem Häuschen.

„Vielleicht gewinnen wir doch!", überlegte Frau Sievert.

„Das wäre einfach verrückt", meinte mein Vater.

Wir waren völlig überdreht.

Als nach der Halbzeit das Spiel erneut angepfiffen wurde, konnte ich einfach nicht mehr still sitzen. Ich war so schrecklich aufgeregt, dass ich aufstand und anfing, im Zimmer auf und ab zu wandern. Mein Bruder machte es mir nach. Und so nach und nach standen alle Gäste auf und gingen durch das Zimmer. In einer langen Reihe wanderten wir nun um die Stühle herum, als ob wir „Reise nach Jerusalem“ spielen würden. Mein Vater ging voran, dann folgte meine Mutter, dann mein Großvater, und so weiter. Wir gingen langsam und mit gesenktem Kopf. Gleichzeitig hörten wir atemlos zu, was der Sprecher berichtete.

In der 84. Minute war es dann so weit.

„Er hat den Ball verloren, diesmal gegen Schäfer“, kommentierte der Radioreporter.

Wir hielten den Atem an. Mein Bruder packte mich am Arm.

„Schäfer nach innen geflankt – Kopfball – abgewehrt!“, fuhr der Reporter aufgeregt fort.

Ein Raunen ging durch unser Wohnzimmer. Eben noch hatten wir uns gefreut, jetzt ließen wir die Köpfe hängen.

„Aus dem Hintergrund müsste Rahn schießen“, bemerkte der Reporter nun. Und dann brüllte er auch schon: „Rahn schießt! – Tooooor! Tooooor! Tooooor! Tooooor!“

Wir schrien so laut durcheinander, dass es bestimmt bis in die Stadt hinein zu hören war. Aber nicht nur wir. Ganz Deutschland jubelte lauthals. Dann fielen wir uns in die Arme.

„Noch ist es nicht zu Ende", bemerkte mein Großvater trocken.

Und natürlich versuchten die Ungarn, das Ausgleichstor zu schießen. Aber sie schafften es einfach nicht. Wieder tigerte ich nervös durch die Stube. Dann kam endlich der Abpfiff. Deutschland war Fußballweltmeister! Wir konnten es kaum glauben.

Der Jubel war unbeschreiblich. Wir rannten auf die Straße, fielen unseren Freunden und Bekannten um den Hals. Meine Eltern holten Bier und Saft aus dem Keller. Die Nachbarn ebenfalls. Immer mehr Leute kamen dazu, um gemeinsam zu feiern. Es wurde ein richtig buntes Straßenfest und dauerte bis spät in die Nacht. Was für ein aufregender Tag.

Lassen Sie erzählen:

* Wie haben Sie die Fußballweltmeisterschaft 1954 erlebt?
  - Hat Sie auch das Fußballfieber gepackt?
  - Wo haben Sie das Spiel erlebt?
  - Mit wem haben Sie das Spiel verfolgt?
  - Was ist in Ihnen während des Spiels vorgegangen?
  - Wer war Ihr Lieblingsspieler?
  - Wer war Ihr Lieblingsverein zu dieser Zeit?
* Für welchen Sport interessieren Sie sich?

Im dunklen Keller

In dem Haus, in dem Anneliese mit ihren Eltern und ihren beiden Brüdern lebte, gab es einen richtig tiefen Keller. Es war ein Erdkeller, der unter dem eigentlichen Keller lag. Hier bewahrte Annelieses Mutter die Einmachgläser, die Kartoffeln und den Rumtopf auf. Und immer wenn sie damit beschäftigt war, das Mittagessen vorzubereiten, rief sie schnell aus der Küche: „Anneliese, kannst du mal ein paar Kartoffeln raufholen?" oder auch „Anneliese, hol doch mal ein Glas

Kirschen aus dem Keller!“ oder „Anneliese, wir brauchen ein bisschen von dem Rumtopf!“

Oh, wie hasste Anneliese diesen Gang in den Keller. Schon im ersten Keller hatte sie große Angst. Der tiefere Erdkeller aber war ihr richtig unheimlich. Hier gab es kein elektrisches Licht. Anneliese musste sich immer die Taschenlampe nehmen, die auf der obersten Kellerstufe bereitlag und damit in den Erdkeller steigen. Und wenn sie dann unten angekommen war und die Einmachgläser anleuchtete, bildete sie sich immer ein, noch einen weiteren Lichtschein zu sehen.

Da ist jemand, dachte sie dann. Ein Einbrecher!

Und sie griff, so schnell sie konnte, nach dem Einmachglas und rannte die Treppe wieder hinauf. Ihre beiden Brüder Hans und Peter lachten sich jedes Mal schlapp, wenn sie mit zitternden Händen und weißem Gesicht wieder in der Küche ankam.

„Na, hast du einen Geist gesehen?“, grinste Hans dann.

„Oder war es gar ein Skelett?“, fügte Peter hinzu.

Anneliese machten diese Sticheleien immer furchtbar wütend.

„Warum muss immer ich in den Keller gehen?“, regte sie sich auf. „Das ist ungerecht. Hans und Peter sind auch mal an der Reihe!“

Endlich hatte die Mutter ein Einsehen.

„Peter, heute holst du mal ein Glas Kirschen aus dem Keller!“, sagte sie darum.

„Wieso ich?“, regte sich Peter auf. „Das kann doch die Anneliese machen.“

„Denkste!“, dachte Anneliese schadenfroh.

Und als sie sah, wie Peter in der Küche stand und meckerte, kam ihr eine famose Idee. Sie würde sich im Keller verstecken, um Peter zu erschrecken. Dann würde er es endlich einmal selbst mit der Angst zu tun bekommen.

Ihr Herz begann, vor Aufregung laut zu klopfen. Nein, das würde sie sich nicht trauen. Sie hatte ja schon Angst, wenn sie nur die Treppe hinuntergehen musste. Andererseits würde es Peter ganz recht geschehen, wenn er mal so richtig erschreckt würde. Dann würde er sie vielleicht endlich mit seinen Sticheleien in Ruhe lassen.

Anneliese beschloss, ihren ganzen Mut zusammenzunehmen. Sie biss auf ihre Lippen, setzte einen Fuß vor den nächsten und schlich die Treppe zum ersten Keller hinunter. Nun ging es in den zweiten, in den Erdkeller. Aber diesmal konnte Anneliese ja die Taschenlampe nicht mitnehmen. Die musste für Peter liegen bleiben. So blieb Anneliese nichts anderes übrig, als die Treppe im Dunkeln hinunterzusteigen. Weiter und immer weiter schlich sie. Sie spürte, wie ihr Herz klopfte. Die Treppe schien heute kein Ende zu nehmen.

Endlich war Anneliese in dem Kellerraum angekommen, in dem ihre Mutter die Einmachgläser verstaut hatte. Leise tastete sie sich zu dem Regal und versteckte sich dahinter. Dann wartete sie auf Peter.

Peter war bereits auf der ersten Treppe angekommen. Er ging langsam, denn auch er schien große Angst zu haben. Um sich selbst Mut zu machen, fing er mit heller Stimme an, zu singen.

„*Komm, lieber Mai, und mache die Bäume wieder grün*“, schmetterte er in den höchsten Tönen.

Anneliese hatte Mühe, sich das Lachen zu verkneifen. Sie hatte auch schon oft gesungen, um sich die Angst zu vertreiben. Nun konnte Peter mal am eigenen Leib spüren, wie viel Mut man brauchte, um ein Einmachglas zu holen.

Jetzt war Peter an der zweiten Treppe zum Erdkeller angekommen. Hastig griff er nach der Taschenlampe, schaltete sie an und schritt ängstlich weiter.

„*Wie möchte ich dohoch so geherne ein Veilchen wiehieder sehn*“, trällerte er.

Nun war er direkt vor dem Regal angekommen. Mit der Taschenlampe leuchtete er die Einmachgläser an. Schließlich schien er ein Glas Kirschen gefunden zu haben, nahm es und zog es aus dem Regal.

Anneliese grinste. Jetzt war ihr Moment gekommen. Gerade wollte sie aus der Ecke springen und „Hasch-dich!" rufen, da berührte sie etwas. Es fühlte sich wie eine Hand an. Und dann fühlte sie sogar ein Bein. Oh nein! Ein Gänseschauer lief ihr über den Rücken. Anneliese schrie laut auf.

„Ahhhh!"

„Ahhhh!", schrie nun auch Peter. Er ließ die Taschenlampe mitsamt dem Glas Kirschen auf den Boden fallen.

„Ahhhh!", machte da noch eine dritte Stimme. Sie kam Anneliese sehr vertraut vor. Es war Hans, ihr großer Bruder. Er war es, der so dicht neben ihr stand. Er hatte wohl die gleiche Idee gehabt, Peter zu erschrecken.

Nun schrien sie alle durcheinander.

„Spinnst du, mich so zu erschrecken?", schrie Anneliese.

„Du hast mich erschreckt!", brüllte Hans zurück.

„Ihr habt mich beide zu Tode erschreckt!", kreischte Peter.

Da begann Anneliese, schallend zu lachen. Und nach einer Weile fielen auch ihre Brüder in das Lachen mit ein. Sie lachten so laut, dass ihnen die Tränen über die Wangen liefen.

Da kam die Mutter die Treppe heruntergelaufen.

„Seid ihr alle verrückt geworden?", rief sie.

Bei dem schrecklichen Geschrei und dem Klirren hatte sie einen richtigen Schreck bekommen. Jetzt hob sie die Taschenlampe auf und leuchtete von Hans zu Anneliese, dann zu Peter und schließlich auf das zerbrochene Einmachglas. Kirschen, Saft und Scherben hatten eine große, rote Pfütze gebildet.

„Das gibt es doch nicht!", regte sich die Mutter auf. „Ihr habt wohl nur Blödsinn im Kopf. Hans und Anneliese, ihr macht auf der Stelle den Keller wieder sauber. Und du, Peter, kommst erst mal mit nach oben und beruhigst dich."

Anneliese und Hans brauchten fast eine Stunde, bis sie die Scherben beseitigt und die Kirschen und den Saft weggewischt hatten. Nachtisch gab es an diesem Tag nicht mehr.

Trotzdem war es irgendwie ein lustiger Tag. Immer wenn sich Anneliese, Hans und Peter an dem Tag begegneten, machten sie „Husch" oder „Haschdich", und dann lachten sie jedes Mal aufs Neue Tränen.

Lassen Sie erzählen:

* Hatten Sie auch Angst, in den Keller zu gehen?
* Was haben Sie gegen die Angst unternommen?
* Hat Ihnen auch mal jemand einen Streich gespielt?
* Haben Sie mal einen Menschen erschreckt, um sich einen Spaß zu machen?

Konfirmation mit Hindernissen

„Konfirmation ist wie zehnmal Weihnachten“, sagte meine Mutter immer wieder, während sie an der Nähmaschine saß und unsere schwarzen Kleider nähte.

Meine Schwester Agnes und ich hatten gemeinsam Konfirmation. Und da wir die ältesten Mädchen in unserer Familie waren, bekamen wir neue Kleider. Unsere jüngeren Schwestern mussten sie dann später auftragen.

Schon Wochen vorher waren Agnes und ich schrecklich aufgeregt. Immer wieder überlegten wir, wie wir unsere Haare stecken sollten. Agnes wollte ihre langen Haare nach oben umschlagen. Ich hatte leider ziemlich dünnes Haar. Darum beschloss ich, mir einen Bauernzopf zu flechten und ihn hochzustecken.

Dann endlich waren auch die Kleider fertig. Mein Kleid hatte eine schwarze Spitze an den Ärmeln und am Kragen. Agnes' Kleid hatte eine schwarz gestickte Passe.

Als wir die Kleider das erste Mal anprobierten und uns gegenseitig die Frisuren steckten, führten wir sie natürlich stolz unseren Geschwistern vor. Die waren ziemlich neidisch auf uns.

Dann endlich war der Tag der Konfirmation gekommen. Agnes und ich platzten fast vor Aufregung.

Vor dem Gemeindehaus versammelten sich die Konfirmanden.

„Ihr habt so wunderschöne Kleider!", rief Nelly, meine Freundin, immer wieder. Und strich dabei fast ehrfürchtig über meinen Spitzenärmel. Nelly trug das schwarze Kleid, das ihre Schwester schon im vergangenen Jahr angehabt hatte. Es war auch schön, aber gegen meines kam es wirklich nicht an.

„Deins ist doch auch schön", versuchte ich, sie zu trösten, aber Nelly verzog nur das Gesicht. Sie wusste, dass das nicht ganz der Wahrheit entsprach. Agnes und ich hatten mit Abstand die wirklich schönsten Kleider von allen. Unsere Mutter konnte einfach wundervoll nähen.

„Wir stellen uns nun auf", rief der Pastor und klatschte in die Hände. „Vorne die Jungen, hinten die Mädchen. Immer zu zweit."

Agnes und ich stellten uns nebeneinander. Dann lauschten wir auf die Glocke. Hörte sie auf, zu schlagen, sollten wir losgehen und hinter dem Pastor in die Kirche einziehen.

Plötzlich drängte sich ein kleiner Junge zwischen uns Konfirmanden hindurch. Es war Paul, unser kleiner Bruder.

„Ihr habt die Kollekte vergessen", flüsterte er uns zu. „Nach der Segnung geht doch der Klingelbeutel rum."

„Oh stimmt!", rief Agnes erschrocken.

„Ich hätte euch auch einen Hosenknopf geben können", meinte unser Schulkamerad Martin und grinste schelmisch.

Wir aber waren froh, dass Paul an die Kollekte gedacht hatte. Schnell steckte er uns ein paar Münzen zu, die ihm meine Eltern für uns gegeben hatten. Aber wohin damit? Unsere Kleider hatten doch keine Taschen! Agnes und ich sahen uns ratlos an.

Da ging es auch schon los. Die Jungen, die den Zug der Konfirmanden anführten, setzten sich in Bewegung. Agnes und mir blieb nichts anderes übrig, als ihnen zu folgen. Agnes behielt das Geld in ihrer Hand, ich steckte es in mein Gesangbuch. Dann zogen wir in die Kirche ein.

Die Gemeinde erhob sich. Ich sah meine Eltern und meine Geschwister in der Bankreihe sitzen. Paul winkte uns verstohlen zu. Aber ich winkte nicht zurück. Ich traute mich noch nicht einmal, zu lächeln.

Der Gottesdienst begann. Der Pastor begrüßte uns Konfirmanden, wir sangen ein Loblied und beteten. Dann folgte eine lange Predigt. Ich gebe zu, ich hörte nicht besonders gut zu. Dazu war ich viel zu aufgeregt. So bekam ich gar nicht mit, dass nun die Einsegnung begann.

Agnes puffte mich an.

„Los!", flüsterte sie. „Wir müssen nach vorne."

Vor Aufregung schob ich mein Gesangbuch hastig auf die Ablage der Bank und wollte aufstehen. Doch ich hatte die Münzen vergessen. Es klimperte laut. Mein Fünfzigpfennigstück fiel mit lautem Klirren auf den Steinboden. Ich zuckte zusammen. Himmel, meine Kollekte! Sie rollte nun den langen Gang entlang. Zwei Jungen stürzten aus der Bankreihe und stritten sich darum. Ihre Mutter zog sie schnell in die Bank zurück.

Sie schimpfte leise mit den Jungs. Ich starrte mit großen Augen zu ihnen hinüber und wusste gar nicht, was ich tun sollte.

Agnes gab mir einen Schubs.

„Geh!“, zischte sie.

Verwirrt stand ich auf, um mit Agnes und zwei anderen Konfirmanden nach vorne zum Pastor zu gehen. Da polterte das zweite Fünfzigpfennigstück aus meinem Gesangbuch. Es rollte klirrend durch den Altarraum und blieb vor den Füßen des Pastors liegen. Oh Himmel, war das peinlich! Ich wäre am liebsten im Erdboden versunken. Ich spürte, wie mein Gesicht vor Scham brannte.

Einige Gemeindemitglieder kicherten leise. Sie mussten mich für einen Elefanten im Porzellanladen halten.

„Da haben wir ja schon einen Teil der Kollekte“, lachte der Pastor und hob das Geld auf. Er legte es auf den Altar.

„Kommst du trotzdem nach vorne, damit ich dich segnen kann?“, meinte schließlich der Pastor noch zu mir.

Ach du Schreck! Das hätte ich beinahe vergessen. Ich schämte mich in Grund und Boden. Meiner Mutter war das bestimmt auch peinlich. Erschrocken ging ich nach vorne. Agnes folgte mir. Gemeinsam mit den anderen Konfirmanden knieten wir nebeneinander auf dem Bänkchen. Nacheinander wurden unsere Namen aufgerufen. Der Pastor sprach unseren Konfirmationsspruch und segnete uns. Doch ich war immer noch so durcheinander und verschämt, dass ich mich gar nicht konzentrieren konnte. Wie peinlich mir das alles war. Ich hatte mich so blamiert.

Agnes teilte ihre Münzen mit mir, als der Klingelbeutel durch die Kirche gereicht wurde. Es war also alles eigentlich gar nicht so schlimm. Und wahrscheinlich hätte ich das alles längst vergessen, wenn Agnes mich nicht immer wieder daran erinnert hätte.

„Weißt du noch, wie dir das ganze Geld durch die Kirche geflogen ist?“, sagt sie noch Jahre danach immer wieder zu mir. Dabei lachte sie so laut, dass ihr die Tränen kamen.

Trotzdem war der Tag ein ganz besonderer und schöner Tag. Und meinen Konfirmationsspruch kann ich bis heute noch aufsagen: „Selig sind die Friedfertigen, denn das Himmelreich ist ihrer.“

Lassen Sie erzählen:

Erinnern Sie sich noch an Ihre Konfirmation?

* Kennen Sie Ihren Konfirmationsspruch noch?
* Wie sah Ihr Kleid aus?
* Wie verlief der Tag?
* Wo wurde gefeiert?
* Wer war eingeladen?
* Welche Geschenke gab es?
* Ist an dem Tag etwas Besonderes passiert, an das Sie sich noch erinnern?

Ach, Blümlein blau

Von einem Tag auf den anderen mussten wir unsere schlesische Heimat verlassen. Alles, was wir mitnehmen durften, befand sich in einer kleinen Holzkiste. Hier bewahrte ich auch mein Abiturzeugnis auf, das ich mir so mühsam erarbeitet hatte.

Nun fanden wir auf einem kleinen Hof in Westfalen eine neue Unterkunft. Es war eine schwere Zeit. Wir mussten wieder ganz von vorne anfangen. Doch eins verloren wir nie – unseren Mut.

„Hast du schon gehört, Marlies?", fragte mich unsere Nachbarin. „Im Sommer soll in der Stadt eine pädagogische Akademie eröffnet werden. Willst du dich dort nicht bewerben? Du hast doch Abitur."

Mein Herz klopfte. Lehrerin zu werden, war immer schon mein Traumberuf. Aber ob sie mich dort an der Akademie nehmen würden? Wie wohl meine Chancen standen? Ich war gerade mal 20 Jahre alt. Bis jetzt hatte ich immer nur für die Schule gelernt oder auf unserem Hof gearbeitet. Trotzdem wollte ich es versuchen.

„Ich würde gerne Lehrerin werden", teilte ich meinen Eltern mit. „Ich möchte mich für einen Studienplatz bewerben. Was meint ihr?"

Meine Eltern sahen mich überrascht an. Dann winkte meine Mutter ab.

„Kind, du hast doch überhaupt keine Chance", sagte sie. „Zuerst kommen mal die Kriegsheimkehrer mit einem Studienplatz an die Reihe. Und die jungen Menschen hier aus der Gegend werden sich auch um einen Platz bewerben. Da solltest du dir nicht allzu viele Hoffnungen machen."

Und mein Vater fügte hinzu: „Die Westfalen sind ein stures Völkchen. Die schieben sich gegenseitig die Plätze zu. Für Flüchtlinge aus Schlesien haben sie da bestimmt keinen Platz."

Doch so schnell wollte ich nicht aufgeben. Zwar wusste ich, dass ich nicht die besten Chancen hatte, aber ich wollte es trotzdem versuchen. Also bewarb ich mich, legte stolz mein Zeugnis vor und nahm an einer Auswahlprüfung teil. Alles lief gut, und ich wurde schließlich zu einem Bewerbungsgespräch eingeladen.

„Warum wollen Sie Lehrerin werden?“, fragte mich eine Professorin.

„Ich arbeite gerne mit Kindern“, erwiderte ich.

„Haben Sie denn Erfahrungen in diesem Bereich?“, bohrte ein Professor weiter.

Ich war noch jung. Viel konnte ich nicht vorweisen. Ich war zur Schule gegangen und hatte auf dem Hof gearbeitet.

„Ich habe zwei kleine Geschwister“, erwiderte ich schließlich. „Um sie habe ich mich oft gekümmert.“

Da lachten alle nur mitleidig. So etwas zählte nicht.

„Haben Sie schon mal unterrichtet?“, wollte ein anderer Professor wissen. Er sah sehr gelangweilt aus. Man konnte ihm ansehen, dass er meine Bewerbung lächerlich fand. Ein kleines, unerfahrenes Ding, das Lehrerin werden wollte, das dachte er bestimmt.

„Nein, leider nicht“, musste ich zugeben.

„Vielleicht haben Sie ja mal den Kindergottesdienst geleitet?“, versuchte nun die Professorin, mir zu helfen.

Kindergottesdienst – als wenn man in der Landwirtschaft Zeit für den Kindergottesdienst hätte.

„Wir hatten wenig Zeit als Kinder“, antwortete ich leise. „Wir haben alle auf dem Hof mitgeholfen.“

Nun nickten zwar alle verständnisvoll, aber ich sah ihren Gesichtern an, dass ich keine Chance hatte. Ich schluckte. Ein dicker Kloß bildete sich in meinem Hals. Es war, wie meine Eltern mir vorhergesagt hatten. Ich hatte an der Akademie nichts zu suchen.

„Zu Ihrer Arbeit als Lehrerin gehört auch der Musikunterricht“, probierte es die Professorin schließlich noch einmal. „Spielen Sie ein Instrument?“

„Ich kann Klavier spielen“, berichtete ich.

„Dann singen und spielen Sie uns mal ein Lied vor!“, bat sie mich.

Zögerlich ging ich zum Klavier. Ich hatte schon so lange kein Klavier mehr gespielt. Ob ich das überhaupt noch konnte? Meine Hände glitten vorsichtig über die Tasten. Was sollte ich spielen?

Plötzlich fiel mir ein Lied ein, das wir zu Hause in Schlesien immer gesungen hatten. „Ach, Blümlein blau“ hieß es. Das war ein wunderschönes Lied. Meine Schwestern und ich liebten es.

Ich überlegte einen Moment lang. Schließlich schlug ich die ersten Akkorde an. Dann begann ich, zu singen.

„Ach, Blümlein blau, verdorre nicht! Du stehst auf grüner Heiden."

Ich bemerkte, wie es um mich herum ganz still wurde. Alle starrten mich an. Ich wurde mutiger und meine Stimme kraftvoller.

„Du bist einmal mein Schatz gewest, Schatz gewest, Schatz gewest – jetzt aber muss ich dich meiden", sang ich weiter.

Das Lied war nicht besonders lang, doch als ich merkte, wie alle gebannt zuhörten, sang ich den Refrain ein zweites Mal. Dann blickte ich vom Klavier auf.

Die Professoren musterten mich nachdenklich. Schließlich stand die Professorin auf.

„Das war sehr ansprechend", sagte sie. „Sie haben eine wunderschöne Stimme. Wir können uns gut vorstellen, dass sie damit die Kinder für den Musikunterricht begeistern."

Ich erhob mich ebenfalls, bedankte mich noch einmal fürs Zuhören, knickste und ging.

„Sie hören noch von uns", rief die Professorin mir noch hinterher.

Meine Knie zitterten immer noch. Langsam ging ich aus dem Raum und machte mich auf den Heimweg.

„Na, wie war es?“, wollten meine Eltern wissen, als ich wieder zu Hause war.

„Ich glaube, ich habe keine Chance“, antwortete ich leise. „Ich bin einfach noch zu unerfahren.“

Dennoch gab ich die Hoffnung nicht auf. Zwei Wochen lang rannte ich jeden Tag zum Briefkasten. Dann endlich war er da, der Brief vom Lehrerseminar. Mit zitternden Händen riss ich ihn auf, las ihn wieder und wieder.

Sie hatten mich angenommen. Mich! Wo ich doch eigentlich ein Flüchtlingsmädchen war – jung, unerfahren und mit nur einem Abiturzeugnis im Gepäck. Aber sie hatten sich für mich entschieden!

Ich sang und trällerte den ganzen Tag, umarmte jeden, der mir in den Weg kam.

Später erfuhr ich, dass die Professorin, die sich so für mich eingesetzt hatte, auch aus Schlesien kam. Und dass „Ach, Blümlein blau“ auch ihr Lieblingslied gewesen war. Was für ein Glück, dass ich gerade dieses Lied gesungen hatte. Das musste Schicksal gewesen sein!

Lassen Sie erzählen:

* Welchen Berufswunsch hatten Sie in jungen Jahren?
* Hat sich Ihr Berufswunsch erfüllt?
* Wo haben Sie gearbeitet?
* Haben Sie ein Lieblingslied?
* Spielen Sie ein Instrument?
* Bei welcher Gelegenheit haben Sie gesungen oder musiziert?

Die erste Tanzstunde

„Agnes? Unsere Klasse meldet sich zur Tanzstunde an. Machst du mit?“

Marias’ beste Freundinnen, Frieda, Erika, Gertrud und Johanna, kamen mit einer Liste über den Schulhof.

„Tanzstunde? Oh nein!“, antworte Maria schnell.

Maria hatte schon auf diese Frage gewartet. In der Obersekunda gingen die Schüler fast geschlossen zur Tanzschule Schlüter.

„Bitte Maria, mach mit. Wir sind alle dabei!", bettelten die Freundinnen.

„Und die Jungs vom Herder-Gymnasium auch", fügte Sieglinde hinzu, die dazugekommen war. „Martin und Dietmar, die bei uns im Konfirmandenunterricht waren. Und Robert, der gegenüber vom Bäcker Vogel wohnt."

Als der Name Robert fiel, kicherte Erika verschämt. Sie war heimlich in Robert verliebt. Das war schon beinahe peinlich, wie sie ihm immer nachstarrte.

Maria fand Jungen doof. Und mit ihnen tanzen zu müssen, war ihr ein Gräuel.

„Ich weiß nicht. Ich habe eigentlich gar keine Zeit", versuchte sie, sich herauszureden.

Doch ihre Freundinnen ließen einfach nicht locker.

„Ohne dich macht es keinen Spaß", meinten sie. „Und so können wir wenigstens den ganzen Nachmittag über die Jungs lachen."

Schließlich ließ sich Maria widerstrebend überreden.

Als Maria wenige Tage später zur ersten Tanzstunde den Saal betrat, war ihr doch mulmig zu Mute. Der Tanzlehrer Herr Schlüter leitete mit seiner Frau die Tanzschule. Das Wort Tanzschule war, ehrlich gesagt, ein wenig übertrieben. Es war im Grunde genommen ein Tanzkursus, der im Hinterzimmer eines Cafés stattfand. Dort stand ein Klavier, an dem ein Klavierspieler saß. Außerdem waren zwei Reihen Stühle aufgebaut, die einander gegenüberstanden.

„Die Mädchen setzen sich bitte auf die linke Seite, die Jungen auf die rechte", rief der Tanzlehrer und klatschte in die Hände.

„Maria, komm hierhin!", rief Frieda und zeigte auf einen Stuhl zwischen sich und Gertrud. Erleichtert ließ sich Maria dort nieder. Schüchtern sah sie zu der Jungenreihe hinüber. Mit weißen Hemden und ordentlichen Hosen, die Haare gerade gescheitelt und mit sauberen Händen saßen sie dort. Maria erkannte ihren Nachbarsjungen Dieter erst auf den zweiten Blick. Sie hatte ihn noch nie in einem gebügelten Hemd gesehen. Jetzt nickte er ihr verstohlen zu.

„Wer ist das?", wollte Gertrud sofort wissen.

„Das ist unser Nachbar Dieter", flüsterte Maria zurück.

Der Tanzlehrer suchte sich nun ein Mädchen aus ihrer Mitte aus. Seine Wahl fiel auf Gitta, die schon etwas älter und sehr erwachsen wirkte. Zusammen mit Gitta zeigte der Tanzlehrer die ersten Tanzschritte.

„Links, zwei, drei, rechts, zwei, drei ... Das ist ein Walzer", erklärte der Tanzlehrer und schwebte mit Gitta durch den Raum. Der Klavierspieler begleitete sie dazu.

Nun wurden die Jungen gebeten, die Schritte nachzumachen. Dann waren die Mädchen an der Reihe.

Schließlich kam der Moment, auf den Maria ängstlich gewartet hatte.

„So, nun versuchen wir es alle miteinander", meinte der Tanzlehrer. „Ich schlage vor, die Damen beginnen. Bitte sehr, es ist Damenwahl."

Die Jungen brummten, setzten sich dann aber doch auf ihre Stühle. Erwartungsvoll blickten sie zu den Mädchen hinüber.

„Sehr verehrte Damen, es ist jetzt an Ihnen, sich einen dieser Herren auszusuchen", erklärte der Tanzlehrer. „Nur Mut. Gehen Sie auf einen der Herren zu, machen sie einen Knicks, und sagen Sie: Darf ich bitten?"

Wieder klatschte er in die Hände. „Also los."

Maria stand auf. Ihr Herz klopfte. Wen sollte sie auffordern? Dieter lächelte ihr verlegen zu.

Dieter! Das war die Lösung. Den kannte sie, und sie traute sich auch, ihn zu berühren. Langsam ging sie zu den Jungen hinüber. Plötzlich bekam sie einen Puff von Gertrud zwischen die Rippen.

„Aua. Was ist denn mit dir …" begann Maria, brach dann aber ab, als sie Gertruds verärgertes Gesicht sah.

„Aber nicht, dass du den Dieter nimmst!", zischte Gertrud. „Den will ich haben."

Maria hatte schon die Richtung eingeschlagen. Nun blieb sie abrupt stehen. Und nun? Gertrud zog an ihr vorbei, knickste und forderte Dieter auf. Weg war er also. Maria stand in der Mitte des Tanzsaales und wusste nicht, was sie tun sollte.

Gott sei Dank saß neben Dieter noch jemand. Der Junge lächelte schüchtern und sah aus, als fühle er sich genauso unwohl wie sie selbst. Maria knickste.

„Darf ich bitten?", fragte sie so leise, dass sie es selbst kaum hören konnte.

Doch der Junge sprang sofort auf.

„Gerne", antwortete er.

Er hieß Horst und ging genau wie sie in die Obersekunda, allerdings auf das Jungengymnasium.

War das ein Glück, dass Gertrud Dieter gewählt hatte. Sonst hätten sich Maria und Horst vielleicht niemals kennengelernt. So aber tanzten sie die ganze Tanzstunde über miteinander. Sie gingen auch zusammen zum Mittelball und zum Abschlussball. So verliebten sie sich schließlich ineinander.

Später verloren sich Maria und Horst eine Zeitlang aus den Augen. Jeder ging seine eigenen Wege. Der Krieg kam, und die Menschen hatten andere Sorgen. Doch als diese schwere Zeit überstanden war, begegneten sie einander wieder.

Nun sind Maria und Horst schon seit fünfzig Jahren verheiratet. Sie haben drei Kinder und acht Enkelkinder. Die kleinen Tischkärtchen ihrer Tanzstundenzeit kleben in ihrem Fotoalbum. Bis heute blättern sie darin und erinnern sich gerne an diese unbeschwerte Zeit.

Lassen Sie erzählen:

* Sind Sie zur Tanzstunde gegangen?
* Wer war Ihr Partner/Ihre Partnerin beim ersten Tanzkurs?
* Wo fand Ihr Tanzkurs statt?
* Erinnern Sie sich an Ihren Tanzlehrer/Ihre Tanzlehrerin?
* Tanzen Sie gerne?
* Was ist Ihr Lieblingstanz?

Freundinnen auf großer Fahrt

„Wenn wir mit der Schule fertig sind, gehen wir auf große Fahrt", hatten sich die fünf Freundinnen Klara, Edith, Else, Henriette und Marlene immer wieder geschworen. Und sie hatten ihren Schwur mit einem Handschlag besiegelt.

Jetzt, als sie nach einer langen Bahnfahrt endlich in der Jugendherberge an der Weser angekommen waren, war ihnen doch mulmig zu Mute.

„Schilfsäcke zum Schlafen", murmelte Henriette und strich über die braune Decke, die über die Schilfbündel im großen Schlafsaal gelegt worden war. „Ich wette, ich kriege in der Nacht kein Auge zu."

„Komm, wir suchen uns einen Platz in der Ecke dort hinten", schlug Else vor. „Da können wir alle zusammen liegen."

Die Mädchen schoben ihre Schilfsäcke zusammen und legten ihre Taschen darauf, damit man sehen konnte, dass die Betten bereits belegt waren.

Plötzlich schrie Klara laut auf.

„Eine Maus! Ich habe eine Maus gesehen", brüllte sie und sprang auf einen der Schilfsäcke.

„Oh Klara, beruhige dich", beschwichtigte Marlene ihre Freundin. „Das ist doch nicht die erste Maus in deinem Leben, oder?"

„Ich habe aber Angst vor Mäusen", jammerte Klara. „Hier schlafe ich ganz bestimmt nicht!"

Edith, Marlene, Else und Henriette sahen einander kurz an. Marlene verdrehte die Augen. Das konnte ja heiter werden.

„Wir sollten an den Weserstrand gehen und schwimmen", schlug Marlene vor. „Danach machen wir ein Lagerfeuer und essen unsere Brote."

Das klang wirklich gut.

„Also los, ziehen wir unsere Badeanzüge an", schlug Else vor.

Vergnügt holte Henriette ihren neuen Badeanzug aus ihrem kleinen Koffer. Ihre Mutter hatte ihr einen aus einem alten Strickkleid genäht. Jetzt zog sie ihn an und drehte sich im Kreis. Die anderen Mädchen pfiffen begeistert.

„Ist der schön!"

„Der steht dir aber gut!"

„Ich wünschte, meine Mutter könnte auch so gut nähen!", riefen sie.

Und es stimmte. Henriettes Badeanzug war der schönste von allen.

Die Sonne schien noch warm, als die Mädchen am Badestrand ankamen. Alle stürzten sich in die Fluten. Henriette spürte, wie der Badeanzug wie ein nasser Lappen an ihrem Körper klebte. Es war kaum möglich, damit zu schwimmen. Den anderen Mädchen ging es nicht anders. Auch ihre Badeanzüge waren aus Kleiderstoff. Else schwamm sogar in Unterwäsche. Trotzdem machte es Spaß.

Später trockneten sie sich ab, zogen sich um und sammelten Holz für ein Lagerfeuer. Als das Lagerfeuer flackerte, kamen auch andere Mädchen aus der Jugendherberge und setzten sich dazu. Eine hatte eine

Quetschkommode dabei und konnte recht gut spielen. Sie sangen „La Paloma“ und „Ich weiß, es wird einmal ein Wunder geschehen“, und fühlten sich fabelhaft.

Henriette und Edith saßen dicht nebeneinander auf einem Baumstamm und sahen zu, wie die anderen schließlich zu tanzen begannen. Marlene zündete sich eine Zigarette an. Im Lichtschein sahen Henriette und Edith, wie Marlene die Zigarette elegant zum Mund führte und den Qualm wieder von sich blies.

„Hast du eigentlich schon einmal geraucht?“, fragte Henriette Edith leise.

Edith schüttelte den Kopf.

„Aber ich würde es zu gerne einmal ausprobieren“, antwortete sie.

Die beiden Mädchen schwiegen wieder. Nun zündeten sich auch andere Mädchen eine Zigarette an.

„Die amerikanischen Zigaretten sollen ja am besten schmecken“, meinte Edith. Das hatte sie immer wieder von ihrem Vater gehört.

„Ich habe fünf Mark mitbekommen“, murmelte Henriette nun. „Wenn du willst, kaufen wir uns beide eine.“

„Abgemacht.“

Gemeinsam machten sich Henriette und Edith auf den Weg in die kleine Gastwirtschaft, die neben der Jugendherberge lag. Die Wirtin wollte gerade die Tür verschließen, als die Mädchen die Gaststube betraten.

„Ja?“, fragte sie verwundert.

„Zwei Zigaretten, bitte. Amerikanische“, sagte Henriette mit fester Stimme und klopfendem Herzen. Dann legte sie das Geld auf den Tresen.

Mit zwei Zigaretten in der Handfläche versteckt kehrten die beiden Mädchen kurze Zeit später zum Lagerfeuer zurück. Edith nahm einen kleinen Ast, ging damit zum Lagerfeuer und hielt ihn in die Glut. Sie kehrte mit dem glühenden Ast zu Henriette zurück. Die beiden Mädchen steckten sich die Zigaretten in den Mund und zündeten sie an. Dann inhalierten sie den Rauch, wie sie es bei Marlene gesehen hatten. Der Rauch biss in ihrer Kehle. Edith bemühte sich, nicht zu husten.

„Schmeckt gut, oder?“, sagte sie.

„Mhm“, murmelte Henriette.

Sie qualmten vor sich hin. Die Zigaretten knisterten. Als sie endlich aufgeraucht waren, waren beide froh.

Mitten in der Nacht erwachte Henriette. In ihrem Bauch rumpelte es ganz fürchterlich. Henriette stöhnte leise und rieb sich den Bauch. Aber es wurde nicht besser.

Leise stand sie auf. In der Dunkelheit tastete sie sich an den Schilfbetten der anderen entlang bis zur Tür. Dann lief sie aus dem Schlafsaal, so schnell sie konnte. Sie musste auf die Toilette. Aber das war nicht so einfach. Es gab nur ein Plumpsklo. Und das war draußen, neben der Jugendherberge. Henriette rannte aus dem Haus zum Plumpsklo hinüber. Sie fasste in das Herzchen in der Tür und versuchte, sie aufzuziehen. Aber es gelang ihr nicht.

„Besetzt!", hörte sie eine Stimme von innen.

Henriette lauschte verblüfft. Zweifellos. Das war Ediths Stimme.

„Edith, geht es dir auch so schlecht?", rief Henriette ihrer Freundin zu.

Sie hörte nur ein tiefes Seufzen. Henriette musste lachen, obwohl ihr gar nicht danach zu Mute war. Ihr Bauch grummelte immer noch.

„Die Zigaretten, oder?", lachte sie.

Edith stöhnte wieder.

„Das machen wir nie wieder, oder?", kicherte Henriette.

„Jedenfalls komme ich hier so schnell nicht runter", klagte Edith.

„Dann suche ich mir besser ein Plätzchen im Wald", gluckste Henriette.

Dann musste sie auch stöhnen, denn in ihrem Bauch rumpelte es wieder. So schnell sie konnte, rannte sie in das kleine Wäldchen hinein.

Lassen Sie erzählen:

* Sind Sie auch mit Freunden oder Freundinnen auf große Fahrt gegangen?
  - Wohin sind Sie gefahren?
  - Was haben Sie erlebt?
  - Erinnern Sie sich noch an Lieder von damals, die man gemeinsam am Lagerfeuer gesungen hat?
* Wann haben Sie heimlich Ihre erste Zigarette geraucht?
  - Wo haben Sie sie gekauft?
  - Wie hat Ihnen die erste Zigarette geschmeckt?

Der Heiratsantrag

Mein Name ist Georg Fürstenbach. Ich leite die Porzellanmanufaktur Fürstenbach und Söhne, die ich nach dem Krieg von meinem Vater übernommen habe. Als die Wirtschaft so langsam wieder aufblühte, wurde wieder Wert auf schönes Porzellan gelegt. So vergrößerte sich unsere Manufaktur von Jahr zu Jahr.

Eines Tages stellte sich eine junge Frau bei mir vor: Susanne Hermann. Ich hatte in der Zeitung ein Stellengesuch aufgegeben, denn ich brauchte dringend eine persönliche Sekretärin.

„Ich wollte mich bei Ihnen als Sekretärin vorstellen", sagte sie höflich.

„Welche Ausbildung haben Sie?", wollte ich wissen.

„Ich bin gelernte Dolmetscherin, doch ich habe leider im Krieg all meine Zeugnisse verloren", erklärte sie. „Ich kann aber auch Steno und Schreibmaschine."

Aha, eine Dolmetscherin mit verlorenen Papieren. Das habe ich ihr natürlich nicht geglaubt. So was erzählen diese jungen Frauen ja immer gerne. Doch an sich machte Fräulein Hermann einen guten Eindruck. Und Unterstützung konnte ich nun wirklich gut gebrauchen.

„Wir können es ja mal miteinander probieren", schlug ich ihr also vor.

Als ich Fräulein Hermann das erste Mal zum Diktat in mein Büro bat, war sie erstaunlich flink. Das hätte ich gar nicht gedacht. Irgendwann sah sie die Urkunden an der Wand, die ich bei meinen Straßenläufen bekommen hatte.

„Laufen Sie?", fragte sie erstaunt.

„Schon viele Jahre", erklärte ich ihr nicht ohne Stolz. „Ich laufe auch immer beim großen Hessenlauf mit."

„Aha“, sagte sie nur.

Sie hatte offensichtlich keine Ahnung, was das für ein schwieriger und anstrengender Marathonlauf war. Die besten Läufer aus ganz Hessen nahmen daran teil.

„Beim Laufen bin ich oft unter den ersten Zehn“, fügte ich hinzu.

„Beeindruckend“, erwiderte sie. Aber so wirklich imponierend fand sie das offenbar nicht.

Einen Monat später gab es großen Wirbel in der Manufaktur. Ein amerikanischer Großfabrikant überlegte, Porzellan bei uns zu kaufen. Zugegeben, mein Englisch war nicht das Beste, aber irgendwann hatte ich den Amerikaner so weit, dass er eine ganze Porzellanserie kaufen wollte. Ich bat Fräulein Hermann, die Verträge fertigzumachen.

Als sie in mein Büro kam, schüttelte sie dem Amerikaner die Hand.

„My name is Susan Hermann“, erklärte sie in fließendem Englisch. „I'm Mr Fürstenbach's secretary! “ Dann plauderte sie herzlich mit dem amerikanischen Geschäftsmann.

„Woher können Sie denn so gut Englisch?“, fragte ich verblüfft.

„Ich habe Ihnen doch gesagt, dass ich Dolmetscherin bin“, erklärte Fräulein Hermann.

Ach ja, das hatte ich ganz vergessen. Ehrlich gesagt, hatte ich es nicht wirklich geglaubt. Aber als ich sie so sprechen hörte, spannte ich sie natürlich für das Verkaufsgespräch ein.

Fräulein Hermann machte ihre Sache sehr gut. Der Amerikaner war entzückt von ihr und kaufte und kaufte. Ich fand sein Getue ein bisschen übertrieben. Aber ich war froh, ein gutes Geschäft gemacht zu haben.

Einige Wochen später fand der große Hessenlauf statt. Ich trainierte fast jeden Tag. Dann war es endlich so weit. Aufgeregt zog ich am Morgen meine Sportsachen an und machte mich auf den Weg zum Start. Einige meiner Mitarbeiter waren gekommen, um mich anzufeuern. Nur Susanne Hermann fehlte.

„Wo ist Fräulein Hermann denn?“, fragte ich möglichst unbeteiligt.

„Die läuft heute selbst beim Hessenlauf mit“, erklärte einer meiner Mitarbeiter.

Und ein anderer fügte hinzu: „Susanne läuft doch schon seit Jahren bei den Frauen mit. Haben Sie das nicht gewusst?“

Nein! Das hatte mir niemand erzählt. Ich war in der Tat ein wenig beeindruckt.

Der Lauf der Männer kam zuerst. Es war wie erwartet ein harter Kampf um die Plätze. Ich wurde Sechster. Gar nicht schlecht, fand ich. Danach ging ich zu meinen Mitarbeitern hinüber, um bei den Frauen zuzuschauen. Wir platzierten uns am Rand der Strecke und sahen zu, wie sich Susanne Hermann neben den anderen Läuferinnen am Start einfand. Dann fiel der Startschuss. Susanne sprintete los. Die Rothaarige neben ihr hielt gut mit.

„Susanne, Susanne!“, schrien meine Kollegen und winkten mit den Armen.

„Fräulein Hermann, Fräulein Hermann!“, rief ich. Aber das hörte sich irgendwie seltsam an. Meine Mitarbeiter schauten mich an und lachten.

Susanne rannte und rannte. Ihre langen Beine holten weit aus. Ihre Füße schienen kaum den Boden zu berühren. Die Rothaarige lief direkt neben ihr. Eine Zeitlang schien keine besser zu sein als die andere.

Ich hielt es nicht mehr aus. So schnell ich konnte, spurtete ich zum Zieleinlauf und positionierte mich dort. Kurze Zeit später bog Fräulein Hermann auch schon um die Kurve Richtung Ziel.

„Susanne, renn!“, brüllte ich. „Schneller! Los! Du schaffst es!“

Sie schaute mich kurz an. Ihre dunklen Augen blitzten erstaunt. Dann schoss sie los und zog an ihrer Konkurrentin vorbei. Schneller und immer schneller. Der Rothaarigen gelang es nicht, sie noch einzuholen. Da hielt Susanne auch schon das Zielband in der Hand.

„Siegerin ist Susanne Hermann", hörten wir die Stimme des Sprechers durch das Megafon.

Alle klatschten. Susanne kam jetzt direkt auf mich zugelaufen. Und dann – ich konnte es kaum fassen – fiel sie mir um den Hals. Ihr Atem ging noch ganz schnell. Ich konnte sogar ihren Herzschlag spüren.

„Danke", flüsterte sie mir ins Ohr.

Ich war überwältigt.

„Susanne, heirate mich!", flüsterte ich zurück.

Da ließ sie mich los, schaute mich überrascht an und lachte.

„Vielleicht ist das ja gar keine so schlechte Idee", antwortete sie und zwinkerte mir dabei schelmisch zu.

Was sollte das nun heißen? Ich wagte es nicht, nachzufragen.

Später, als sie zur Siegerehrung auf das Podest gerufen wurde, lief ich zu ihr hinüber und reichte ihr ein paar dicke, gelbe Butterblumen, die ich noch eilig vom Straßenrand gepflückt hatte. Wieder strahlte sie mich an. Dann küsste sie mich vor allen anderen auf die Wange.

Ein Jahr später heiratete mich Susanne Hermann tatsächlich. Mich, Georg Fürstenbach. Ich hatte doch nur eine kleine Porzellanmanufaktur und wurde höchstens mal Sechster im Hessenlauf. Aber das schien ihr nichts auszumachen. Noch heute kann ich mein Glück kaum fassen.

Lassen Sie erzählen:

* Welchen Beruf haben Sie ausgeübt?
* Wie sind Sie mit Ihrem Chef/ Ihrer Chefin zurechtgekommen?
* Treiben Sie auch gerne Sport?
* Waren Sie Mitglied in einem Sportverein?
* Wie haben Sie Ihren Heiratsantrag bekommen bzw. gemacht?
* Wie haben Sie sich kennengelernt?

Der Führerschein

Seit einer Stunde schon wartete Gisela auf den Bus. Doch wie so oft hatte er wieder Verspätung. Und ausgerechnet heute regnete es wie in Strömen. Dazu blies ein so stürmischer Wind, dass Gisela ihren Schirm kaum halten konnte. Da stand sie also an der Landstraße am Dorfrand und wartete und wartete. Ihr Mantel war durchnässt, ihre Schuhe ebenso. Und kein Bus war weit und breit in Sicht.

Endlich hörte Gisela ein lautes, brummendes Geräusch. Kurze Zeit später sah sie eine kleine, hellblaue Isetta die Straße entlangfahren. Das war Rosi, Giselas Freundin. Gisela lief auf den Fahrbahnrand und winkte. Rosi hielt an. Die Vordertür des Autos öffnete sich.

„Hallo Gisela. Willst du in die Stadt? Soll ich dich mitnehmen?"

„Dich schickt der Himmel! Der Bus ist nicht gekommen."

„Steig ein!"

Gisela klappte ihren Schirm ein und kletterte zu Rosi auf die Vorderbank. Rosi startete den Wagen, und gemeinsam tuckelten die beiden los. Es war richtig gemütlich in diesem Auto. Bewundernd schaute Gisela zu, wie Rosi den Wagen schaltete.

„Wie du das machst!", staunte sie.

„Das ist überhaupt nicht schwer", winkte Rosi ab. „Das lernt man alles in der Fahrschule bei einem geduldigen Fahrlehrer."

„Ich lerne das bestimmt nicht", meinte Gisela unglücklich. „Ich stelle mich bei technischen Dingen immer viel zu ungeschickt an. Das sagt mein Mann auch immer."

„Auto fahren hat doch mit Technik nichts zu tun", wunderte sich Rosi. „Jeder kann das lernen. Die Männer tun immer nur so wichtig damit. In Wirklichkeit wollen sie nur, dass wir zu Hause sitzen und auf sie warten. Aber sei doch ehrlich, Gisela. Wir haben so viel geschafft im Leben. Dagegen ist Auto fahren Kinderkram."

Gisela schluckte. „Und auf den Bus warten muss man auch nicht mehr", seufzte sie.

Als Giselas Mann Anton abends nach Hause kam, passte Gisela einen günstigen Moment ab. Als sich ihr Mann schließlich ein Glas Bier einschenkte und hungrig in die Scheibe Brot biss, wagte sie den Vorstoß.

„Heute ist der Bus wieder nicht gekommen", begann sie. „Rosi hat mich Gott sei Dank mit dem Auto in die Stadt mitgenommen."

„Das ist ja nett", murmelte Anton und schmierte sich eine zweite Scheibe.

„Ich habe auch schon mal überlegt, den Führerschein zu machen", wagte Gisela schließlich zu sagen.

Ihr Mann ließ sein Brot sinken.

„Wer hat dir denn die Laus in den Kopf gesetzt?", fragte er und schüttelte den Kopf. „Frauen können überhaupt nicht Auto fahren. Die verstehen nichts von Technik."

„Rosi sagt, Auto fahren hat mit Technik überhaupt nichts zu tun", verteidigte Gisela ihre Freundin. „Jeder kann es lernen."

Nun redete sich Anton richtig in Rage.

„Guck dir doch die Frauen an, die mit dem Auto rumfahren", rief er. „Die kommen doch überhaupt nicht von der Stelle. Und einparken können sie auch nicht. Nein, nein. Fahr du schön weiter mit dem Bus. Dann kann dir nichts passieren."

Gisela ärgerte sich furchtbar, aber sie sagte nichts mehr dazu.

Ein paar Tage später traf Gisela ihre Freundin Rosi wieder.

„Na, was ist aus deiner Idee geworden, Auto fahren zu lernen?", wollte Rosi wissen.

Gisela ließ den Kopf hängen.

„Anton will nichts davon hören", sagte sie leise.

Rosi lachte schallend.

„Wieso brauchst du denn dazu seine Zustimmung?", meinte sie. „Du bist doch erwachsen."

Gisela nickte nachdenklich. Dann schwieg sie.

Als sie eine Woche später wieder den Bus verpasste, fiel ihre Entscheidung noch an der Bushaltestelle. Sie würde Fahrstunden nehmen und ihren Mann einfach mit dem Führerschein vor vollendete Tatsachen stellen. Geld hatte sie einiges gespart. Für einen Führerschein müsste es reichen.

Rosi empfahl ihr einen netten und geduldigen Fahrlehrer.

„Mit zwanzig Fahrstunden müssen Sie rechnen", erklärte ihr der Fahrlehrer. „Und dann kommen noch die Gebühren für die Prüfung dazu. Aber ich bin mir sicher, dass Sie das schaffen."

Was war Gisela aufgeregt, als sie das erste Mal mit dem Fahrlehrer über die Landstraße fuhr. Es war gar nicht so einfach, den Wagen geradeaus zu lenken. Immer wieder fuhr sie kleine Schlangenlinien.

„In die Ferne gucken", erklärte ihr der Fahrlehrer. „Man muss den Punkt anschauen, auf den man zufährt. Dann fährt man geradeaus."

In der zweiten Stunde klappte es schon viel besser. Dann kam das Anfahren am Berg dazu, schließlich das Einparken und Rückwärtsfahren. Gisela lernte schnell. Nur ihrem Mann Anton gegenüber hatte sie ein schlechtes Gewissen. Er war immer noch ahnungslos.

„In einer Woche ist die Fahrprüfung", begrüßte der Fahrlehrer Gisela schließlich, als er sie zu einer weiteren Fahrstunde abholte.

Gisela wurde sehr aufgeregt. „Meinen Sie, ich schaffe das?", wollte sie wissen.

Der Fahrlehrer nickte. „Ich bin mir ganz sicher. Sie fahren bald schon so gut wie ein Taxifahrer."

Er ließ Gisela in die Innenstadt einbiegen.

„Wir wollen noch mal durch die kleinen Straßen in der Innenstadt fahren", schlug er vor. „Da vorne ist zum Beispiel ein Vorfahrt-achten-Schild. Und bei dieser Ampel müssen Sie auf die Fußgänger achten."

Gisela fuhr sehr konzentriert, achtete auf den Gegenverkehr und behielt die Fußgänger im Blick.

Plötzlich trat der Fahrlehrer so stark auf die Bremse, dass der Wagen abrupt zum Stillstand kam und sich Gisela fast den Kopf am Lenkrad anschlug.

„Was ist?", rief sie erschrocken.

„Dieser Depp!", rief der Fahrlehrer und zeigte auf einen grauen Käfer, der aus der Seitenstraße kam. „Der wäre uns beinahe ins Auto gefahren."

Er kurbelte das Fenster herunter und zeigte dem Fahrer einen Vogel.

Der Fahrer starrte Gisela verdutzt an und fuhr schnell weiter.

„Das war mein Mann", flüsterte Gisela erschrocken.

„Der kann sich ja freuen, dass Sie in Zukunft das Auto fahren übernehmen", brummte der Fahrlehrer immer noch verärgert.

Gisela sagte nichts dazu. Ihr war nicht ganz wohl dabei, ihrem Mann am Abend gegenüberzutreten.

Ihr Mann Anton kam früher als sonst nach Hause.

„Warst du das heute in der Stadt?", rief er schon von Weitem aufgebracht. „Bist du etwa mit dem Auto gefahren?"

Da wurde es Gisela nun doch zu bunt.

„Fang jetzt bloß nicht an, mir Vorwürfe zu machen", wies Gisela ihren Mann scharf zurecht. „Ich habe nämlich morgen meine Fahrprüfung, und da muss ich mich konzentrieren."

Erschrocken vom Ausbruch seiner Frau, wurde Anton plötzlich ganz kleinlaut. Er sagte kein weiteres Wort mehr zum Thema „Frauen und Auto fahren", auch nicht zu dem Zwischenfall in der Stadt.

Gisela bestand ihre Fahrprüfung auf Anhieb. Und danach war ihr Mann Anton so stolz auf seine Frau, dass er die ganze Nachbarschaft zu einer Probefahrt einlud.

Lassen Sie erzählen:

* Haben Sie einen Führerschein?
* Erinnern Sie sich an Ihre erste Fahrstunde?
* Haben Sie Ihre Fahrprüfung auf Anhieb bestanden?
* Kennen Sie auch den Spruch, dass Frauen nicht Auto fahren können? Was sagen Sie dazu?
* Was war Ihr erstes Auto?
* Sind Sie mit dem Auto auch in Urlaub gefahren?

Der neue Fußball

Mit schwarzem Zwirn reparierte Martha Brune den Wintermantel ihres Sohnes Paul. Dann bügelte sie die Stelle noch einmal und legte ihn ordentlich zusammen.

Der Mantel war Paul nun endgültig zu klein geworden. Sie wollte versuchen, ihn bei der Tauschbörse gegen ein anderes Kleidungsstück einzutauschen.

Martha warf einen kurzen Blick in die Küche. Paul, Herbert und Kurt saßen um den Küchentisch und machten ihre Hausaufgaben. Sie hatten ihre Köpfe über ihre Hefte gebeugt und arbeiteten konzentriert.

Wie ernst sie geworden sind, dachte Martha. Dabei war der Krieg doch nun endlich zu Ende, der Sommer kam, und vielleicht würden sie ja auch bald wieder ein Lebenszeichen von dem Vater hören, der in englischer Kriegsgefangenschaft war.

„Ich gehe zur Kirche", rief Martha ihren Söhnen zu. „Die Frauenhilfe hat dort eine Tauschbörse eingerichtet. Vielleicht kann ich Pauls Mantel eintauschen. Du brauchst unbedingt eine neue Hose, Herbert."

Die Jungen blickten nur kurz von ihren Heften auf und nickten. Dann arbeiteten sie weiter.

Martha verließ das graue Mietshaus, in dem sie lebten, und schlug die Abkürzung über den Rasenplatz ein. Dann bog sie in den kleinen Weg ein, der zur Kirche führte.

In der Tauschbörse war schon mächtig was los. Nachbarinnen standen herum und berieten sich gegenseitig. Andere suchten in den Regalen nach Haushaltsgegenständen oder betrachteten die Kleidungsstücke an den Kleiderstangen.

„Ich möchte den Mantel eintauschen", sagte Martha und legte Pauls Mantel auf den Tresen. Eine Frau aus der Frauenhilfe nickte ihr zu. „Und was möchten Sie dafür bekommen?"

„Vielleicht eine neue Hose für meinen ältesten Sohn“, erwiderte Martha nachdenklich.

„Hosen sind dort im Regal“, meinte die Frau von der Frauenhilfe und machte eine Kopfbewegung zu einem Regal, das in einer Ecke stand. Martha nickte. Langsam ging sie zu den Regalen hinüber. Plötzlich fiel ihr Blick auf einen Ball, der oben auf einem Regal lag. Es war ein brauner Lederfußball. Schon lange hatte Martha keinen so schönen Ball mehr gesehen. Die Kinder spielten manchmal mit zusammengeknoteten Stoffresten. Aber dieser Lederball sah einfach fantastisch aus. Sie lächelte. Was würden ihre Jungs sagen, wenn sie damit nach Hause käme? Andererseits, so ein Ball war eine unnütze Sache. Sie brauchten Kleidungsstücke, einen neuen Kochtopf oder eine Tasche.

„Kann ich vielleicht den Mantel gegen den Ball eintauschen?“, hörte Martha sich plötzlich fragen.

Nun drehten sich die anderen Frauen zu ihr um.

„Was wollen Sie denn mit einem Ball?“, fragte eine.

„Fußball spielen“, kicherte nun eine andere und kam sich dabei sehr lustig vor.

„Ich will, dass meine Kinder endlich mal wieder lachen“, antwortete Martha.

Da wurde es ganz still im Raum.

Herbert, Kurt und Paul saßen immer noch in der Küche, als ihre Mutter nach Hause kam. Paul schrieb noch an den Hausaufgaben, Herbert machte den Abwasch, und Kurt schälte Kartoffeln.

„Ich habe euch etwas mitgebracht", sagte Martha. Und dann legte sie den Fußball mitten auf den Küchentisch.

Die Stille, die nun eintrat, war fast unheimlich. Alle drei Jungs starrten den Lederball an, als sei er ein Gegenstand von einem anderen Planeten.

„Für uns?", fragte Paul ungläubig. Und nach einer Weile noch einmal: „Wirklich für uns?"

„Ihr sollt mal wieder ein bisschen spielen", lächelte Martha. „Am besten geht ihr gleich auf die große Wiese hinter den Häusern und fangt damit an."

Immer noch starrten die Jungen gebannt auf den braunen Lederball. Dann strich Paul ganz behutsam mit seiner Handfläche darüber. „Toffte", murmelte er.

Und nun ging plötzlich alles ganz schnell. Paul warf den Ball zu Herbert, der zu Kurt. Dann lachten sie alle drei.

„Raus mit euch auf die Wiese!", rief Martha.

Das ließen sich ihre Söhne nicht zweimal sagen. So schnell sie konnten, rannten sie die Treppe hinunter.

Der Ball war die Sensation des Tages. Kaum waren die Jungen auf der Wiese angekommen, kamen andere

Nachbarskinder dazu. Siegmund und Stefan aus dem Nachbarhaus, Hanna und Gustav vom Mietshaus gegenüber und schließlich sogar die vier Mädchen von den Kleins, die am anderen Ende der Straße wohnten.

Martha trat ans Fenster und schaute hinaus. Die Kinder hatten mit Ästen zwei Tore abgesteckt. Nun rannten sie wild hin und her und kickten den Ball von einem Tor zum anderen. Gelächter und Geschrei drang zu ihr hinauf. So vergnügt hatte sie die Rasselbande schon lange nicht mehr erlebt.

Als die Jungen schließlich verschwitzt zum Abendessen hinaufkamen, trugen sie den Ball wie einen kostbaren Schatz unter dem Arm.

Gerade hatten sie die Hände gewaschen und sich um den großen Küchentisch gesetzt, da klingelte es an der Haustür. Martha stand auf und öffnete. Herr Klose, der Hausmeister, stand in der Tür.

„Kann ich Paul mal sprechen?“, fragte er.

Martha bekam einen großen Schrecken. Waren die Jungen zu laut gewesen?

Hausmeister Klose konnte ziemlich böse werden, wenn die Jungen sich nicht so verhielten, wie er es für gut und richtig befand.

Nun tauchte Paul neben ihr auf.

„Tag, Herr Klose", sagte er höflich. „Ist etwas passiert?"

Herr Klose nahm seine Mütze ab und drehte sie zwischen den Händen. Dann schüttelte er den Kopf und sah plötzlich ein wenig verlegen aus.

„Ich wollte nur fragen, ob du uns deinen Ball mal leihen kannst. Wir wollen noch ein bisschen Fußball spielen."

Paul bekam vor Verwunderung den Mund kaum noch zu.

„Wir gehen vorsichtig damit um", versicherte Herr Klose noch. „Und wenn wir fertig sind, bringe ich ihn gleich wieder hoch."

„Verstehe", nickte Paul.

Martha und ihre drei Söhne standen am Fenster und sahen zu, wie zwanzig erwachsene Männer vergnügt wie kleine Kinder über die Wiese rannten. Der Lehrer Seifert stand in dem einen Tor, der Bäcker aus der Mittelstraße hütete das andere Tor.

Wer tauchte denn da auf? Das konnte doch nicht wahr sein! Jetzt kam sogar der Pastor über die Wiese gerannt. Er hatte sich doch tatsächlich eine alte Trainingshose angezogen und spielte nun voller Feuereifer mit.

„So einen lustigen Tag haben wir schon lange nicht mehr erlebt", murmelte Paul, drehte sich um und ging wieder zum Küchentisch zurück.

Lassen Sie erzählen:

* Haben Sie auch gerne Fußball gespielt?
* Welche Spiele haben Sie als Kinder gespielt?
* Was war Ihr liebstes Spielzeug?
* Erinnern Sie sich noch an selbstgebasteltes Spielzeug?

Die Urlaubsüberraschung

Als Richard Wagner in die Hauseinfahrt einbog, warteten seine Kinder Christel und Werner schon ungeduldig am Fenster. Heute war sein letzter Arbeitstag vor dem Urlaub. Jetzt wollten sie alle noch zusammen das Auto packen. Morgen ging die Fahrt los. Wohin, hatte Richard Wagner seiner Familie nicht verraten.

Als er auf die Haustür zuging, liefen ihm Christel und Werner entgegen und hängten sich an seine Arme.

„Geht es morgen wirklich los?“ fragte sein Sohn Werner aufgeregt

„Ich kann es kaum erwarten“, fiel Christel ihrem Bruder ins Wort.

Richard Wagner lachte. „Habt ihr eure Sachen eingepackt? Hat Mutter schon alles für das Zelt zusammengesucht? Die Zeltstangen? Die Plane? Die Luftmatratzen?“

Seine Frau Gerlinde hatte natürlich schon alles auf den kleinen Flur gestellt. Er hatte es nicht anders erwartet. Auch Gerlinde war aufgeregt.

„Willst du nicht endlich verraten, wohin wir fahren?“, rief sie. „Ich muss doch auch wissen, welche Kleidung ich einpacken soll!“

„Sommersachen, Badesachen und viel zu essen“, erwiderte Richard gut gelaunt. „Die Fahrt ist lang.“

Der Kofferraum des Käfers war viel zu klein. Richard nutzte jeden kleinen Platz beim Packen aus. Schließlich war der Wagen so voll, dass er kaum noch durch die Heckscheibe gucken konnte.

Sie starteten am nächsten Morgen noch vor dem Sonnenaufgang. Werner war so müde, dass ihm sofort im Auto die Augen zufielen. Aber Christel konnte nicht schlafen. Immer wieder starrte sie aus dem Fenster.

Richard Wagner saß ausgeschlafen am Steuer und fuhr Richtung Süden. Sie würden nicht wie sonst an die Ostsee fahren.

Es war schon spät, als die Familie die Alpen überquerte. Himmel, was waren das für hohe Berge! So etwas hatten sie noch nie gesehen. Viele Autos mussten mit dampfendem Kühler am Straßenrand anhalten, aber der kleine Käfer kletterte tapfer die Berge hoch.

„Er rollt und rollt und rollt", murmelte Richard immer wieder.

Abends schlugen sie ihr Zelt in der Schweiz auf. Die Schweiz war ein schönes Land, so grün und bergig. Überhaupt waren die Wagners noch nie im Ausland gewesen.

„Aber wir bleiben nicht hier", verriet Richard seiner Familie. „Einen Tag müssen wir noch fahren."

„So lange noch?", nörgelte Christel, der es bereits langweilig wurde. „Wohin willst du denn? Bis ans Ende der Welt?"

„Italien!", schrie Werner plötzlich. „Mutti, Papa, habt ihr das Schild gesehen? Wir sind in Italien!"

Der Grenzbeamte ließ sich die Ausweise zeigen. Dann öffnete er den Schlagbaum und ließ die Familie mit ihrem Käfer durchfahren.

„Jetzt ist es nicht mehr weit“, versprach Richard seiner Familie. „Nur noch ein paar Stunden.“

Drei Stunden später sahen sie plötzlich an einer Seite der Landstraße etwas Blaues durch die Bäume schimmern.

„Seht ihr das?“, fragte Richard. „Da ist das Mittelmeer.“

Dann brach der Tumult los. Die Kinder und seine Frau riefen aufgeregt durcheinander. Das war eine riesige Überraschung.

Kurze Zeit später steuerte Richard einen Campingplatz an, der direkt am Meer lag.

„Herzlich willkommen“, sagte er und grinste zufrieden.

Christel und Werner sprangen aus dem Auto und rannten zu den großen Palmen hinüber. Solche Bäume kannten sie nur aus Büchern und Filmen. Es sah aus wie im Paradies.

„Vorsicht!“, rief Richard seinen Kindern nach. Sonst springt euch noch ein Affe auf den Arm!“

Ängstlich blickten Werner und Christel nach oben. Ob es tatsächlich Affen in Italien gab?

Richard lachte herzhaft: „Keine Angst. Affen gibt es hier nicht. Auch keine Löwen oder Elefanten. Und nun beeilt euch mit dem Zeltaufbau. Ich will endlich ins Wasser.“

So schnell hatten sie das Zelt noch nie aufgebaut. Und dann zogen sie hastig ihre Badesachen an. Nichts wie an den Strand! Der Sand war wundervoll hellgelb und reichte so weit nach links und rechts, dass sie das Ende nicht erkennen konnten. Dahinter glitzerte das türkisblaue Meer.

„Wer zuerst am Wasser ist!", schrie Werner und rannte los.

„Werner, warte, zieh dir lieber die Schuhe an!", brüllte Richard seinem Sohnemann hinterher. Doch Werner achtete nicht auf seinen Vater. Er rannte und rannte. Kaum war er ein paar Meter gelaufen, spürte er es. Der Sand war verdammt heiß. Und bei jedem Schritt wurde er heißer und heißer. Werner rannte immer schneller. Schließlich trat er nur noch mit den Zehenspitzen auf und hüpfte wie ein Känguru durch den heißen Sand. Als er endlich am Wasser angekommen war, warf er sich in die Fluten. Tat das gut, die Füße abzukühlen! Allerdings – von Abkühlen konnte keine Rede sein. Das Meer war warm wie eine Badewanne.

Nun kam auch der Rest der Familie ans Wasser gelaufen. Sie hatten ihre Sandalen angelassen und legten sie erst kurz vorher auf ein Handtuch. Dann stürzten auch sie sich ins Wasser. Sie kraulten umher und ließen sich von den Wellen tragen.

Später bauten Christel und Werner Burgen aus Sand, stauten das Wasser und ließen es in den Burggraben laufen.

Als Richard mit Christel und Werner zum Campingplatz zurückkehrte, hatte seine Frau schon Kartoffeln in Folie gewickelt. Die legten sie nun auf den Grill und ließen sie vom Feuer durchbraten.

Als sie alle gemütlich vor dem Grill saßen, kamen zwei italienische Jungen vorbei. Als sie die Folienkartoffeln sahen, blieben sie verwundert stehen und starrten darauf. Dann fragten sie Werner etwas und deuteten auf die Kartoffeln.

„Was? Ich verstehe euch nicht", erwiderte Werner.

Und Christel ergänzte: „Das sind Folienkartoffeln."

Die Jungen versuchten, das Wort nachzusprechen. Das hörte sich aber auch zu lustig an! Gerlinde legte weitere Kartoffeln auf den Grill. Als sie endlich gar waren, luden Richard und Gerlinde die beiden Jungs zum Essen ein.

„Ich heiße Werner", erklärte Werner und zeigte auf sich.

„Giovanni", erwiderte der italienische Junge und deutete auf sich.

„Christel", machte Christel weiter.

„Pietro", erklärte der andere Junge.

Dann lief Giovanni fort und kam kurze Zeit später mit einem Ball wieder. Das war eine Sprache, die alle verstanden. Vergnügt rannten sie mit dem Ball an den Strand.

Richard legte Gerlinde einen Arm um die Schulter und sah vergnügt seinen Kindern hinterher. Was für ein wundervoller Urlaub!

Lassen Sie erzählen:

* Wo haben Sie Ihre Urlaube verbracht?
* Sind Sie eher am Meer oder in den Bergen gewesen?
* Haben Sie mal Campingurlaub gemacht?
* Sind Sie gerne ins Ausland verreist?
* Wie sind Sie mit der Sprache zurechtgekommen?

* Erinnern Sie sich an ein besonderes Urlaubserlebnis?
* "Der Käfer rollt und rollt", war ein Werbespruch für den VW Käfer. Konnten Sie es sich leisten, mit dem Auto in den Urlaub zu fahren?

Der achtzigste Geburtstag

Es war Linas achtzigster Geburtstag. Das erste Geschenk bekam sie von Gott persönlich. Er ließ die Sonne strahlen und die Temperaturen auf eine frühlingshafte Wärme ansteigen.

Lina beeilte sich in der Küche. Sie musste noch den Apfelkuchen schneiden, die Sahne schlagen und den Kaffee kochen. Den Tisch deckte sie im kleinen Wohnzimmer.

Dann endlich kamen ihre Freundinnen Lieselotte, Marie und Greta zum Geburtstagskaffee. Greta überreichte Lina ein großes Paket.

„Herzlichen Glückwunsch, liebe Lina“, sagte sie. „Das Geschenk ist von uns allen. Du wirst dich freuen. So etwas hast du nämlich bestimmt noch nie bekommen.“

Die Freundinnen kicherten. Lina wurde neugierig. Ihre Freundinnen wirkten so geheimnisvoll.

„Was ist da drin?“, wollte sie wissen.

Die Freundinnen schüttelten den Kopf.

„Wir verraten nichts“, lachte Lieselotte.

Lina rüttelte ein bisschen an dem Paket. Ein leises Rascheln war zu hören. Wie etwas Weiches, das hin und her rutschte.

„Du musst es schon aufmachen“, lachte Marie. „Von selbst kommst du nie darauf.“

Gespannt öffnete Lina das Paket. Darunter kam buntes Geschenkpapier zum Vorschein. Sie entfernte es vorsichtig. Was war das? Sah wie eine Hutschachtel aus. Schenkten die Freundinnen ihr wirklich einen Hut? Das wäre ja eine komische Idee. Denn eigentlich trug Lina seit Jahren keine Hüte mehr.

Verwundert öffnete Lina nun die Schachtel. Darin befand sich tatsächlich ein Hut. Aber nicht irgendeiner. Nein. Es war ein weicher Filzhut in zartem Hellrosa.

Was sollte sie nur damit?

„Setz ihn doch mal auf!", forderte Lieselotte sie auf.

Lina schüttelte den Kopf. „So ein Quatsch. So etwas trage ich nicht!", sagte sie mit fester Stimme.

„Setz ihn trotzdem mal auf!", riefen nun Greta und Marie wie aus einem Mund.

Lina verdrehte die Augen. Wenn es unbedingt sein musste ... Sie wollte die Freundinnen ja nicht beleidigen. Vorsichtig setzte sie den Hut auf ihren Kopf.

Greta schüttelte den Kopf. „Doch nicht so!" Sie drehte den Hut anders herum. Die Freundinnen nickten.

„Ja, so sitzt er richtig!"

„Schau dich mal an!"

Greta schob Lina vor den Spiegel. „Wie schick du aussiehst."

„Todschick!", bestätigte Lieselotte.

„Wie für dich gemacht", nickte Marie.

Lina blinzelte ihrem Spiegelbild zu. Der rosa Hut sah eigentlich gar nicht so schlecht aus. Er passte auch gut zu ihren weißen Haaren und der gebräunten Haut. Aber Rosa?

„Das kann ich doch nicht tragen!", sagte Lina mit bestimmter Stimme. „Ich bin doch keine Zwanzig mehr."

„Hast du denn mit zwanzig Jahren einen rosa Hut getragen?", fragte Greta.

Lina dachte kurz nach. Dann schüttelte sie den Kopf.

„Das hätte ich mir in dem Alter überhaupt nicht getraut!“, rief sie. „So etwas trug doch niemand!“

„Und mit Dreißig und Vierzig hast du dich zu erwachsen gefühlt, um einen rosa Hut zu tragen“, erinnerte sie Marie.

„Naja, das stimmt“, sagte Lina nachdenklich. „Das hätte ja nun wirklich zu komisch ausgesehen.“

„Und als du Fünfzig warst, war Rosa nicht in Mode. Da hast so etwas auch nicht getragen“, ergänzte Lieselotte.

„Richtig“, musste Lina zugeben.

„Und mit Sechzig oder Siebzig fühltest du dich zu alt, um noch Rosa zu tragen“, meinte Greta.

Lina nickte. Dann lachte sie laut.

„Mit Siebzig einen rosa Hut! Da hätten mich die Leute doch für verrückt erklärt.“

„Aber mit Achtzig“, fuhr Marie fort, „ist es doch ganz egal, was die Leute denken.“

„Es ist auch ganz egal, ob es modern ist oder nicht“, fügte Lieselotte hinzu.

„Schau dir die englische Queen an“, erinnerte Greta sie. „Die trägt Hüte nach Lust und Laune. In Lila, in Pink, und natürlich auch in Rosa. Die lässt sich nichts sagen. Und die Leute bewundern sie dafür.“

„Die englische Queen. Das ist doch ganz was anderes", versuchte Lina, abzuwinken.

Aber die Freundinnen ließen nicht locker.

„Warum solltest du dir nicht ein Beispiel an der Queen nehmen?", schlug Marie vor. „Die traut sich wenigstens was!"

Lina legte den Kopf schief. Erneut betrachtete sie sich im Spiegel. Ihre Freundinnen platzten fast vor Spannung.

„Was denkst du?", wollte Lieselotte wissen.

„Ich denke gar nichts", winkte Lina ab. „Ich muss mir die Sache noch mal in Ruhe durch den Kopf gehen lassen. Jetzt kommt erst mal Kaffee trinken."

Lina legte den Hut auf die Kommode vor dem Spiegel. Die Freundinnen ließen das Thema erst einmal auf sich beruhen.

Am nächsten Sonntag schien die Frühlingssonne erneut warm und hell. Lina zog ihren beigen Sommermantel an. Dann zögerte sie, griff zu dem rosa Hut und setzte ihn auf. Sie betrachtete sich lange im Spiegel. Gut sah sie aus. So fröhlich. Und so sommerlich jung.

Ob sie es wagen sollte, mit diesem Hut spazieren zu gehen? Warum eigentlich nicht? Die englische Queen traute sich so etwas ja auch.

Zögerlich trat Lina vor die Tür und spazierte schließlich die Straße auf den Park zu. Sie fühlte sich noch etwas unsicher. Was dachten die anderen wohl über sie?

Da kam ihr eine Frau entgegen. Sie schaute auf den Hut, lächelte und nickte. Lina grüßte. Die Frau grüßte freundlich zurück.

Auch die anderen Menschen, denen sie begegnete, lächelten sie an.

Es war ein schöner Tag. Und der Hut machte den schönen Sommertag noch fröhlicher.

Lassen Sie erzählen:

* An welches Geschenk können Sie sich noch erinnern, mit dem sie so gar nichts anzufangen wussten?
* Wie haben Sie Ihre runden Geburtstage gefeiert?
* Tragen Sie gerne Hüte?
* Haben Sie auch ein modisches Vorbild, wie z.B. die englische Queen?
* Kleiden Sie sich gerne nach der Mode der Zeit?
* Was war das teuerste Kleidungsstück, das Sie sich jemals geleistet haben?

Nur Mut:
Wir suchen Sie als neue(n) Autor(in)!

Sie müssen weder ein zweiter Goethe noch ein lehr- und wissenschaftserprobter Professor Doktor sein: Wir suchen ganz konkret nach echten Praktikern, die im Bereich der Altenpflege in der Betreuung tätig sind, und bisher vor allem „gemacht" anstatt geschrieben haben! Vielleicht haben Sie schon lange ein tolles therapeutisches Konzept in der Schublade liegen oder kennen einen cleveren Ansatz für die Pflegepraxis, der sich in der täglichen Arbeit für Sie bewährt hat. Vielleicht haben Sie auch einfach „nur" eine spannende Idee, die Sie immer mal wieder beschäftigt. Ganz gleich, wie weit vorangeschritten: Wir unterstützen Sie von den ersten Gehversuchen an und entwickeln gemeinsam mit Ihnen ein gutes Produkt, das wirklich praxistauglich ist. Schicken Sie uns einfach eine E-Mail an **info@verlagruhr.de**, verraten Sie uns, aus welchem (Pflege-)Bereich Sie kommen, und beschreiben Sie uns kurz Ihre Idee. Wir sind gespannt auf Ihre Vorschläge – denn wer weiß genauer, wo Ihnen und Ihren Kollegen im Alltag der Schuh drückt, als Sie selbst? Eben: niemand! Darum nur Mut – melden Sie sich bei uns.

Postfach 10 22 51
45422 Mülheim an der Ruhr

Telefon 030/89 785 235
Fax 030/89 785 578

bestellungen@cornelsen-schulverlage.de
www.verlagruhr.de

Bausteine für die Aktivierung von Demenzkranken

Frühling

Mit Musik-CD, Kopiervorlagen und Arbeitsmaterialien

Tanja Stein

128 S., A4, Paperback , farbig, mit Kopiervorlagen und farbigen Fotokarten auf CD-ROM sowie einer Audio-CD mit Liedern

ISBN 978-3-8346-2350-8

Redensarten in Bildern

Mit der weißen Weste in der Tinte sitzen

20 Foto-/Textkarten zum Gedächtnistraining mit Senioren — Sammlung 1

20 Kartei-Karten, beidseitig bedruckt, A4, farbig, in PP-Box

ISBN 978-3-8346-2351-5

Zeit des Erinnerns

Ein Poesiealbum aus vergangenen Tagen

Sammlung 1

60 S., Hardcover (gepolsterter Einband), 24 x 23 cm, farbig, 12-seitiges Begleitheft mit Tipps und Hinweisen

ISBN 978-3-8346-2341-6

Zeit des Erinnerns

Ein Poesiealbum aus vergangenen Tagen

Sammlung 2

60 S., Hardcover (gepolsterter Einband), 24 x 23 cm, farbig, 12-seitiges Begleitheft mit Tipps und Hinweisen

ISBN 978-3-8346-2342-3